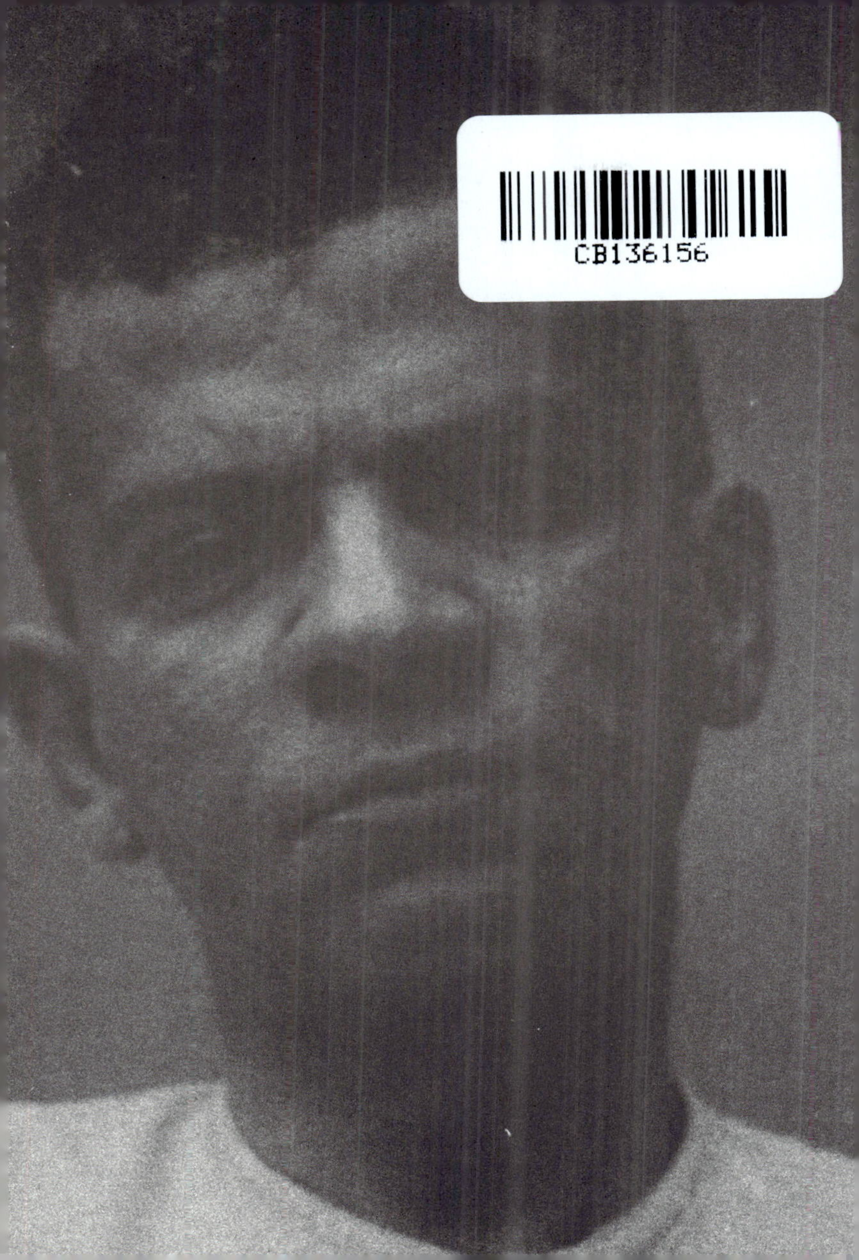

**Coordenação editorial:**
Cauê Ameni, Hugo Albuquerque & Manuela Beloni



**Edição:**
Cauê Ameni

**Revisão:**
Márcia Ohlson

**Pesquisa e redação:**
Worney Almeida de Souza

**Capa e diagramação:**
sobinfluencia/Rodrigo Corrêa

**Foto da capa:**
Acervo do IPHAN/Divulgação

**Dados Internacionais de Catalogação na Publicação (CIP)**
**(eDOC BRASIL, Belo Horizonte/MG)**

Barreto, Lima.
B273l Lima Barreto socialista / Lima Barreto; organizador Worney Almeida de Souza. – São Paulo, SP: Autonomia Literária, 2021.
200 p. : 13,5 x 17 cm

ISBN 978-65-87233-50-5

1. Ensaios brasileiros. 2. Literatura brasileira. I. Souza, Worney Almeida de. II. Título.

CDD B869.4

**Elaborado por Maurício Amormino Júnior – CRB6/2422**

EDITORA AUTONOMIA LITERÁRIA
Rua Conselheiro Ramalho, 945
01325-001 - São Paulo-SP
autonomialiteraria.com.br

# LIMA BARRETO

# LIMA SOCIALISTA

ORGANIZAÇÃO
WORNEY ALMEIDA DE SOUZA

AUTONOMIA LITERÁRIA
2021

## Textos de Lima Barreto

## Textos Sobre Lima Barreto



## Personagens e Situações Apresentados



## Fontes de Informação

## Ave Lima Barreto!

Por Valter Pomar

Lima Barreto nasceu em 13 de maio de 1881 e morreu em 1 de novembro de 1922. Sua vida coincidiu com imensas transformações no mundo e no Brasil. No primeiro caso, destacam-se a Guerra Mundial de 1914-1918 e a Revolução de Outubro de 1917. No segundo caso, destacam-se a abolição, o fim da monarquia e as três primeiras décadas da república oligárquica, uma onda de industrialização e o surgimento de um combativo proletariado fabril, destacadamente em São Paulo e no Rio de Janeiro, composto em grande parte por imigrantes europeus.

A ebulição militar, política, social e econômica deste período era temperada por um intenso debate de ideias, no qual se entrechocavam posições de todo o tipo, entre as quais ideias revolucionárias, anarquistas, comunistas, socialistas, marxistas, maximalistas, democráticas, republicanas e positivistas. A obra de Lima Barreto foi parte integrante deste debate, tendo sido escrita a partir de um ponto de vista radical e conscientemente plebeu.

Um exemplo disso é o artigo “Sobre o maximalismo”, de 1 de março de 1919, no qual Lima Barreto afirma o seguinte: “Em resumo, porém, se pode dizer que todo o mal está no capitalismo, na insensibilidade moral da burguesia, na sua ganância sem freio de espécie alguma, que só vê na vida dinheiro, morra quem morrer, sofra quem sofrer”. Contra este mal, Lima Barreto deseja e apela por uma “convulsão violenta” contra os que “nos saqueiam, nos esfaimam, emboscados atrás das leis republicanas. É preciso, pois não há outro meio de exterminá-la. Se a convulsão não trouxer ao mundo o reino da felicidade, pelo menos substituirá a camada podre, ruim, má, exploradora, sem ideal, sem gosto, perversa, sem inteligência, inimiga do saber, desleal, vesga que nos governa, por uma outra, até agora recalcada, que virá com outras ideias, com outra visão da vida, com outros sentimentos para com os homens, expulsando esses Shylocks que estão aí, com os seus bancos, casas de penhores e umas trapalhadas financeiras, para engazopar o povo”.

Esta valorização da “convulsão” – tão ausente numa esquerda majoritariamente “classe média” (no passado diríamos pequeno burguesa), uma esquerda que tem mais a perder do que seus grilhões - já constitui motivo suficiente para Lima Barreto ser lido e estudado com interesse por qualquer um que não aceite o status quo predominante na sociedade brasileira, caracterizado pela desigualdade social, pela restrição permanente às liberdades democráticas, pelo desenvolvimento restrito e pela dependência externa.

Mas há um motivo adicional para ler Lima Barreto, que diz respeito ao momento em que é publicado este livro. Hoje, tanto no Brasil quanto no mundo, vivemos uma crise profunda, sistêmica, multifacética, com diversos pontos de contato com o que vivemos há 100 anos. Inclusive lá tivemos a gripe espanhola e cá temos a Covid-19.

No caso do Brasil, qualquer semelhança não é mera coincidência. Afinal, a classe dominante brasileira está propositalmente nos empurrando de volta a uma situação parecida com a vigente nos anos 20 do século 20, quando o Brasil era um país primário exportador, inteiramente submisso ao imperialismo, com a política monopolizada pela oligarquia e a questão social tratada como caso de polícia. Foi nesse ambiente que se criaram as condições para a Semana de Arte Moderna, para a Revolta dos 18 do Forte e para a fundação do Partido Comunista, acontecimentos ocorridos no mesmo ano em que morreu Lima Barreto.

Por tudo que está acontecendo no Brasil – os mais de 100 milhões em situação de insegurança alimentar, os quase 40 milhões de pessoas que gostariam de estar empregadas e, no momento em que esta apresentação está sendo escrita, os mais de 400 mil mortos pela Covid-19, parte dos quais foi assassinada pelas políticas do cavernícola e de seus aliados – o bicentenário da Independência, o centenário do modernismo, do tenentismo e do comunismo vão ensejar imensos debates.

Que participemos destes debates com a troça afiada de Lima Barreto. E que tenhamos a mesma sorte que ele, de estar vivos e ativos quando “a face do mundo mudou”.

Valter Pomar é professor
de relações internacionais na
Universidade Federal do ABC.

*Nasci sem dinheiro, mulato e livre.*
Lima Barreto do livro *Vida Urbana*

## Critério de Pesquisa

Pesquisando toda a obra publicada em livros de Lima Barreto (ver Fontes de Informação) identificamos 15 crônicas completas, seis extratos de textos e dez citações sobre anarquismo, maximalismo, sobre a Revolução Russa e seus atores principais. Para melhor acompanhar o sabor dos acontecimentos e como estes influenciaram a escrita e os sentimentos sociais do escritor, publicamos os textos em ordem cronológica, o que não é necessariamente a ordem de lançamento nos livros de Lima Barreto.

Os escritos percorrem um longo período desde 1906 até 1922 (ano do falecimento do autor), mas intensificam a publicação a partir de 1917, justamente durante o conturbado e tortuoso período do final da I Guerra Mundial, da deflagração da Revolução Russa e da influência crescente entre os operários e militantes brasileiros das filosofias anarquista e marxista. Lima Barreto sofre o impacto da roda histórica e suas letras traduzem os acontecimentos e demostram sua simpatia pela transformação social e econômica que acontecia na Europa e como poderia ser implantada no Brasil.

**Crônicas completas:**

Do livro *Feiras e Mafúas:* Simples Reparo pgs. 122 a 126, Memórias de Guerra pgs. 182 a 186, D'Annunzio e Lenine pgs. 202 a 207 e Palavras de um Snob Anarquista pgs. 213 a 218

Do livro *Marginália: Caridades...* pgs. 130 a 131

Do livro *Coisas do Reino de Jambom:* Negócio de Maximalismo pgs. 119 a 120, A Greve da Cantareira pgs. 164 a 165 e Uma Surpresa da Exposição pgs. 192 a 193

Do livro *Vida Urbana:* A Tal História da Aniagem pg. 177 a 180

Do livro *Vida e Morte* de M.J. Gonzaga de Sá: Explicação Necessária pg .29

Do livro *Batagelas:* São Paulo e os Estrangeiros pgs. 52 a 55, Vera Zassulitch pgs. 72 a 77, No Ajuste de Contas pgs. 88 a 96, Carta Aberta pgs. 107 a 114 e Sobre o Maximalismo pgs. 157 a 165
Extratos de crônicas:
Do livro *Feiras e Mafúas: Feiras e Mafúas* pg. 21 a 28

Do livro *Batagelas:* Da Minha Cela pgs. 97 a 106 e Sobre o Nosso Teatro pgs. 221 a 227

Do livro *Vida e Morte* de M.J. Gonzaga de Sá: Fim de um Sonho pg. 248 e *Lourenço, o Magnífico* pg. 257

Do livro *Impressões de Leitura*: Limites e Protocolo pg. 149

**Citações:**

Do livro *Correspondência Ativa* e *Passiva 1º Tomo: carta de Pausílipo da Fonseca a Lima Barreto e resposta de Lima Barreto a Pausílipo da Fonseca*
Do livro *Numa e Ninfa*: pgs. 156 e 182
Do livro *Diário Íntimo:* pgs. 199, 201, 202 (duas vezes)
Do livro *Bagatelas: A Missão dos Utopistas* pg 251 (duas vezes)

(A indicação das páginas corresponde à coleção de 17 livros de *Obra Completa*, Editora Brasiliense, 1956).

# Lima Barreto

Afonso Henriques de Lima Barreto fazia do rito de escrever seu sentido de vida e seu sustento. Leitor ávido, percorria as ruas do Rio de Janeiro, saboreando seus habitantes, lugares, gostos e odores. Morando no subúrbio de Todos os Santos, com seus irmãos e seu pai enfermo, Lima, andava muito, participava de rodas de conversas e de discussões políticas e sociais. Rígido moralmente consigo mesmo, diminuído por ser negro e menosprezado por seus escritos, se candidatou para a Academia Brasileira de Letras três vezes, sem sucesso. Seu dia a dia era de experimentar vários teores alcóolicos, especialmente Parati, que o levou a duas internações, e de destilar sua observação, crônica, crítica social e cultural em suas apuradas escritas. Nasceu em 1881, fez parte de seus estudos preparatórios no Colégio Pedro II e ingressou na Escola Politécnica, mas abandonou antes da formatura para ingressar no funcionalismo público como escriturário do Ministério da Guerra.

Lima Barreto foi um escritor muito produtivo: escreveu contos, crônicas, romances, críticas literárias, sátiras políticas e um livro de memórias. *Publicou: Recordações do Escrivão Isaías Caminha (1907); Triste Fim de Policarpo Quaresma (1911); Numa e Ninfa (1915); Vida e Morte de M.J. Gonzaga de Sá (1919), Histórias e Sonhos (contos, 1920); Os Bruzundangas (sátira política, 1923); Clara dos Anjos (1923); O Cemitério dos Vivos* (romance autobiográfico sobre sua experiência no hospício, 1953). Também compilou seus escritos em jornais em volumes como *Bagatelas, Marginália, Vida Urbana e Feiras e Mafúas,* só publicados após sua morte. Seus romances foram publicados nos jornais em forma de folhetim (um capítulo por dia) para depois serem transformados em livros, como era o costume literário da época.

Publicava sob vários pseudônimos como: Alfa Z, Anna de Gerolstem, Aquele, Diabo Coxo, Eran, Flick, Inácio Costa, Ingênuo, Isaías Caminha, J., J. Caminha, J. Hurê, Jamegão, João Crispim, Jonathan, L.B., Lucas Berredo, Momento de Inércia, Nemo, Phileas Fogg, Puck, Rui de Pina, S. Holmes e Xim. Algumas vezes nem assinava suas crônicas, o que ocasionou a publicação, em livro, de sua obra mais tardia: *O Subterrâneo do Morro do Castelo,* de 1997, lançado originalmente, em 26 reportagens, em 1905, no jornal *O Correio da Manhã.*

A superação de Lima Barreto estava em suas letras, que ele apurava diariamente escrevendo para diversos jornais e finalizando seus romances, que a muito custo, conseguiu publicar. O ambiente da primeira República, a I Guerra Mundial, a organização operária, através dos anarquistas, e a Revolução Russa amalgamaram o conjunto da obra do escritor que, junto das condições sociais e econômicas do povo carioca, produziram um texto ágil, coloquial e enérgico, algo incomum entre os escritores e jornalistas das primeiras décadas do século passado. Segundo Suzana Schindler, no livro Triste Fim de Policarpo Quaresma (editora Klick, 1997), Lima Barreto: "adotou em seus romances a informalidade estilística própria do jornalismo e da fala cotidiana. Nesse sentido, colaborou para a soltura e descontração da frase, o que agradou parte dos escritores modernistas da Semana de 22. Soube registrar com minúcia muitos aspectos da vida social e política do Rio de Janeiro no tempo da Primeira República. Suas obras fornecem um interessante painel das pessoas remediadas do Rio de Janeiro: o burocrata, o escriturário, o jornalista, o artista, o militar de baixa patente, o imigrante".

Contraditório, Lima Barreto simpatizava com os ideais anarquistas e maximalistas, escrevendo para os periódicos libertários, mas era contra a liberação feminina e tinha uma antipatia militante contra o futebol.

A rejeição a seu trabalho e a sua figura inquieta foi grande e muitas vezes atroz, causando humilhações e desenganos. Lima Barreto sentia-se isolado e indecifrável, o que contribuiu para sua morte prematura, em 1922, com apenas 41 anos de idade.

Sobre o olhar panorâmico de sua obra, Suzana Schindler ressalta: "dentre os temas que abordou, destaca-se o preconceito da sociedade de época contra os mestiços e pobres. Seus romances apresentam sempre indignação contra a insensibilidade dos ricos, a superficialidade dos burocratas, a corrupção dos políticos, a esterilidade dos falsos artistas. A principal contribuição de Lima Barreto para a literatura contemporânea consiste no abandono do modo artificial e erudito de escrever, dominante em seu tempo".

Suzana Schindler conclui: "a obra de Lima Barreto revela influência de Machado de Assis, Dostoievski e dos positivistas franceses, como Taine e Bunetière. Apesar dessas influências, é um dos autores mais independentes de nossa ficção. Partilhava da ideia de que a literatura devia expressar diretamente os sentimentos e as ideias pessoais do escritor. Por isso, quase todos os seus romances possuem lances autobiográficos. Julgava ainda que a função primordial da literatura é unir os homens e desmascarar os falsos valores e as instituições que exploram a inconsciência popular".

Sobre a atitude militante de Lima Barreto frente à realidade, Lilia Moritz Schwarcz acentua: "deve ter sido, em parte o seu comportamento 'do contra' – contra a literatura de sucesso, o Estado, a patriotada e os estrangeirismos – que levou o escritor a se aproximar do anarquismo e das novas correntes libertárias, as quais bateram na porta do *país* já nas décadas de 1900 e 1910. Embora tenha sempre evitado se filiar, abertamente, a grupos ou clubes anarquistas, assim como evitou aderir à ações mais diretas, Lima se encantou com essas teorias que inflamavam colegas de geração e passou a veiculá-las em muitos de seus artigos". E prossegue: "de toda maneira, ele seguia publicando e se entendendo como um escritor solidário à causa dos pobres, um entusiasta da imprensa operária, um simpatizante do anarquismo, que via como uma forma de libertação da humanidade".

# A Biblioteca de Lima Barreto, a "Limana"

Lima Barreto era metódico, organizava seus livros, revistas, rascunhos, manuscritos, originais, cartas, recortes de jornais, assim como suas contas domésticas em seu quarto e escritório. Como escrevia para vários jornais, revistas e engendrava seus romances, necessitava que seus arquivos estivessem à mão, assim, em setembro de 1917 ele criou sua própria biblioteca chamada de Limana, separada em quatro estantes, com cerca de quatro prateleiras, além de livros e pastas em cima das estantes e das mesas, totalizando 800 volumes, incluindo pastas de recortes.

Segundo Francisco de Assis Barbosa em *A Vida de Lima Barreto*: "a Limana reflete, contudo, a própria formação intelectual de Lima Barreto. Ali estão os autores prediletos do escritor, a começar por Balzac e a terminar em Descartes, com o *Discours de La Méthode*, que lera ainda na juventude, na sua fugaz incursão pelos domínios do Apostolado Positivista Brasileiro. Lá também estão Rousseau, Renan, Spencer, Taine, Brunetière, Guyau, Bouglé... além dos teóricos ou simples vulgarizadores do socialismo ou do anarquismo, como Benoît-Malon, Hamon, Malato, Eltzbacher e Kropotkine".

Já Lilia Moritz Schwarcz em *Triste Visionário* ressalta: "na Limana, os idiomas da maior parte das obras são o português e o francês. Podem ser encontrados apenas poucos livros em italiano ou espanhol. Mas fica evidente que seu proprietário dominava a língua de Rousseau. Além dele, outros clássicos franceses dividiam espaço naquele recinto, como Rabelais, Diderot, Voltaire, Victor Hugo, Chateaubriand, La Fontaine, Flaubert, Balzac e Anatole France, cujo modelo literário (e combativo politicamente) era, com frequência, evocado, por Lima".

Sobre as leituras anarquistas ou socialistas, Lilia destaca: "o forte da Limana, no entanto, eram os livros de autores que seu proprietário efetivamente estimava. Por exemplo, os adeptos do anarquismo, doutrina que, como teremos oportunidade de avaliar, foi crescentemente adotada por Lima. Na coleção constam as obras *Filosofia del anarquismo* e *Socialismo y anarquismo*, e ainda um guia geral: *O anarquismo*, de autoria de Paulo Eltzbacher, considerado um grande teórico da tradição e bolchevique ativo", como também: "a versão francesa do livro *Ajuda Mútua*, de 1902, do anarquista e geógrafo russo Piotr Kropótkin (1842-1921)".

O caderno onde o escritor listou seus impressos tem como nota introdutória:

**Inventário**

Este livro é destinado a inventariar as obras existentes na minha pequena biblioteca. O catálogo farei depois, por intermédio dele.

Rio de Janeiro, neste lugar de Todos os Santos, em primeiro de Setembro de mil novecentos e dezessete.
Afonso Henriques de Lima Barreto

A coleção chama-se "Limana"

(publicado na pg. 348 do livro *A Vida de Lima Barreto.*)

Abaixo uma pequena seleção de livros constantes na Limana em que o anarquismo, o positivismo e o socialismo são temas centrais.

Estante 1

1° prateleira
19 - *Littérature Française*. Brunetière
21 - *Confessions*. Rousseau
2° prateleira
56 - *Nouveaux Essais de Critique et d'Histoire.* Taine
57 - *Philosophie de l'Arte.* Taine 2 vols.
63 - *La Littérature Anglaise.* Taine 5 vols.
67 - *Origines de la France Contemporaine.* Taine 4 vols.

3º prateleira
99 - *Philosophie Positive*. Bourdet
117 - *Pages Cholsies*. Nietzsche
125 - *De Libre Arbitre*. S. Prudhomme
4º prateleira
143 -*Mi Viaje Alrededor del Mundo*. Darwin
154 - *Le Socialisme Utopique*. Lichtenberger
*La Philosophie Positive*. Péladan

Estante 2

3º prateleira
268 - *Filosofia Positiva*. Teófilo Braga
274 - *Origine des Espèces*. C. Darwin
278 - *L'Oeuvre et la Vie d'Auguste Comte (Notice Sur)*. Robinet
279 - *La Philosophie Positive*, condensation de Jules Rig (1º vol)
284 - *Littérature Française*. Brunetière
288 - *La Morale Evolutionniste*. H. Spencer
4º prateleira
305 - *Histoire dela Philosophie Allemande*. Wilm

Estante 3

1º prateleira
314 - *Le Socialisme Integral*. Benoit-Malon

Estante 4

1º prateleira
351 - *Entr'aide*. Kropotkine

2º prateleira

392 - *Le Darwinisme.* E. Ferrière

430 - *Filosofia del Anarquismo.* C. Malato

433 - *El Anticristo.* F. Nietzsche

435 - *Socialismo y Anarquismo.* A. Hamon

5º prateleira

595 - *O Anarquismo.* Paulo Eltzbacher

606 - *O Anarquismo.* Eltzbacher

Em cima das estantes e das mesas:

700 - *Contrat Social.* J.J. Roussseau

709 - *Faits et Commentaires.* H. Spencer

# Textos de Lima Barreto

## Explicação Necessária

A ideia de escrever esta monografia nasceu-me da leitura diurna e noturna das biografias do doutor Pelino Guedes. São biografias de ministros, todas elas, e eu entendi fazer as dos escribas ministeriais. Por ora, dou unicamente subsídios para uma; mais tarde, talvez escreva as duas dúzias que planejo.

Não há neste tentâmen nenhuma censura ao ilustre biografo, nem tampouco propósito socialista ou revolucionário de qualquer natureza. Absolutamente não! Obedeci, aliás muito inconscientemente em começo, à lei da divisão do trabalho; e, com isso, sem falsa modéstia o digo, fiz uma importante descoberta que o mundo me vai agradecer.

Os sábios, pelas notícias que deles tenho, não tinham dado ainda pela falta de verificação desta lei, nos domínios da biografia.

Entretanto era fácil de ver que, exigindo a ordem obscura do mundo humano um doutor que cure, outro que advogue, forçoso era também que houvesse um biógrafo para os ministros e outro para os amanuenses.

Dessa forma, somos, eu e o doutor Pelino uma bela prova de plena generalidade desse grande asserto cientifico da divisão do trabalho; portanto, longe de ser um capricho, a publicação desde opúsculo é manifestação de uma grande e inevitável lei, a que me curvei e me curvo, como a todas as leis, independentemente da minha vontade.

Crendo-me justificado, dou aqui o testemunho público de quanto sou grato àquele escritor; e se, pelo correr do folheto, pus alguma coisa da minha pessoa, a culpa afora meu incorrigível e elementar egotismo, cabe-me a mim somente que não soube imitar, no estilo, a concisão telegráfica do modelo que adotei, e, na maneira, a sua superior impersonalidade de relatório ministerial.

Contudo, não me julgo com a verdade. Deus me livre de tal coisa! Tanto mais que, tendo-me destinado a atividade bem diversa, não me afiz aos estudos que a literatura reclama. Não sei grego nem latim, não li a gramática do Senhor Cândido de Lago, nunca pus uma casaca e não consegui até hoje conversar cinco minutos com um diplomata bem talhado; sigo entretanto, o exemplo do severo e saudoso lente de Mecânica da Escola Politécnica, doutor Licínio Cardoso, que estudou longos anos a alta matemática para curar pela homeopatia.

O seu espetáculo foi-me sempre fecundo. As reprovações que levei foram justas: antes de mim, todos os que passaram, saiam maravilhosamente; depois...oh! então!.....

O seu julgamento é um julgamento de Minos, inflexível e reto, e que tira a sua inflexibilidade da própria ordem do Cosmos; e se, nos atos de minha vida, alguma vez fui justo, devo-lhe a ele, só e unicamente ao seu exemplo, que tive sempre diante dos olhos, durante a minha adolescência atribulada.

De joelhos, rendo graças à minha estrela, por ter encontrado na minha carreira, tão raro e modelar exemplo...

Atirando-me aos azares da publicação de um opúsculo aliteratado, pode ser que seja feliz, como o meu inestimável lente o foi na homeopatia; pode ser que não e leve algumas descomposturas. Embora desagradáveis, as descalçadeiras dar-me-ão alento para viver, coisa que me vai faltando dentro de mim mesmo.

É um estimulante que procuro, e uma imitação que tento. Plutarco e o doutor Pelino, mestres ambos no gênero, hão de perdoar esse meu plebeu intento, de querer transformar tão excelso gênero de literatura moral – a biografia – em específico de botica.

Perdoem-me!

Augusto Machado

Livro *Vida e Morte de M.J. Gonzaga de Sá* 08.10.1906

## Carta de Pausílipo da Fonseca a Lima Barreto

Secretaria do Partido Operário Independente
Em ... de novembro de 1906.

Companheiro,

De ordem da Comissão Central deste partido, tenho a satisfação de comunicar-vos que, em reunião realizada a 27 de outubro, fostes reconhecido e proclamado seu "Delegado" junto aos companheiros do Segundo Diretório.

Certo de que sabereis corresponder a esta prova de confiança, que soubestes conquistar trabalhando pelo triunfo definitivo das aspirações do operariado, congratulo-me convosco e antecipadamente agradeço, em nome da Comissão, o auxílio que nos haveis de emprestar.

Ao prestimoso companheiro Afonso Henrique Lima Barreto, pela Comissão Central do Partido Operário Independente,

Pausílipo da Fonseca

*Correspondência Ativa e Passiva 1º Tomo* 11.1906

**Carta de Lima Barreto a Pausílipo da Fonseca**
Sem Data

Pausílipo,

Quando ontem me formulaste aquele pedido, eu te prometi satisfazê-lo. Entretanto, era outra a resposta que te devia dar, e se não te dei logo ali, foi porque temi longas explicações, e tinha pressa.

Não te posso servir por duas razões: 1º) Não tenho hábito, ou antes falta-me capacidade, para diariamente fazer "coisas" espirituosas. Meu espírito é moroso, trabalha com pachorra e vagar, 2º) Sendo teu jornal de oposição rubra, e eu empregado público subalterno, não fica bem à minha lealdade que ande armando o ridículo dos grandes personagens, meus superiores. Se não estou contente com eles, devo pedir demissão – não achas? Então, depois...

*Correspondência Ativa e Passiva 1º Tomo,* 11.1906

## Palavras de um Snob Anarquista

Por ocasião da passagem do 1º de Maio, os grandes jornais desta cidade, bem ou mal, tiveram que tratar da questão social. Alguns, com aquele jeito furta-cor tão interessante para um zoologista, enquanto na primeira ou segunda página defendiam uma futura oligarquia atacando outra, na quarta ou quinta faziam panegíricos dos operários, etc., etc.; outros, com mais franqueza, ao dia seguinte, atacavam os anarquistas e exclamavam:

"Que haja anarquistas na Europa, naqueles velhos países de civilização brilhante exteriormente, mas internamente carunchosa, já trabalhava pelos séculos e sofrendo o incurável reumatismo gotoso que caracteriza a gente de idade avançada que passou a vida em ceias e devassidões, vá lá, compreende-se."

"A situação do operariado europeu é, de fato, precária, em vários pontos. Na Europa há miséria porque já há falta de trabalho; e já há falta de trabalho, porque a sua imensa civilização já está feita."

Há aí um bem enveredado engano. A civilização que nos domina, a forma de organização social sob que vivemos, é a mesma que a Europa e tão antiga quanto a dela.

Não há nenhuma diferença de tempo, não há nenhuma diferença de feitio: é a mesma.

O que caracteriza uma civilização são as suas ideias, os seus preceitos, as suas instituições e os seus sentimentos; e, por acaso, as ideias, os preceitos, as instituições que governam a Europa, são diversos dos que nos governam?

Absolutamente não.

Quando no século XVI, as primeiras naus portuguesas trouxeram para o Brasil conquistadores, guerreiros, padres e aventureiros, trouxeram também com eles as suas ideias de propriedade, de honra, de casta, de pátria, de rei e de Deus; e nunca mais os que ficaram deixaram de receber de lá essas ideias ou as modificações que elas foram sofrendo. Não houve, portanto, uma diferenciação de civilização, nas suas bases primordiais.

Os antigos colonizadores gregos quando partiam a fundar uma colônia na orla do Mediterrâneo, levavam nas suas trirremes uma parte do fogo sagrado que ardia no altar da cidade ou das famílias respectivas. Isto queria bem dizer que eles iam continuar em outra parte a vida social – religiosa, militar e civil – que tinham até então levado nas suas respectivas pátrias. Não havia ideia de mudança, mas de continuação. Se não foi tão total a ideia dos colonizadores da Renascença, contudo, contra a sua vontade, a coisa se operou da mesma forma.

O caso do famoso Caramuru dá bem uma frisante ideia de como as concepções anteriores dominavam os povoadores nas novas terras que descobriram e como não se perturbavam elas, mesmo nas ocasiões mais favoráveis a uma total obliteração.

Na *História General y Natural de las Indias,* de Oviedo (emprestamos a citação do doutor Capistrano de Abreu). É descrita a situação do aventureiro português em 1535, em meio dos tupinambá: "Ali (em Todos os Santos) acharam (os náufragos companheiros de Simão de Alcazaba) e viram Diogo Álvares, português, que lhes disse que havia vinte e cinco anos que estava naquela terra só e se achava mui bem com os índios, e o tinham por seu capitão e lhe eram mui obedientes e os tinha tão sujeitos e lhe guardavam tanto acatamento como se nascera senhor deles; e tinha consigo sua mulher, que era índia, da qual tinha muitos filhos e duas filhas casadas, com dois espanhóis que ali estavam."

Agora vejam este trecho do velho Frei Vicente do Salvador, quando trata, na sua *História do Brasil,* dos casamentos e criação dos filhos entre o gentio do Brasil: "Não é fácil imaginar, maiormente entre os principais que têm muitas mulheres, qual seja a verdadeira e legítima, porque nenhum contrato exprimem, e facilmente deixam umas e tomam outra, mas, etc."

No meio de selvagens que tinham sobre a família ideias e concepções diferentes das suas, o aventureiro português tem da mesma criação social as noções de um homem cuja mentalidade foi sujeita à disciplina da igreja católica e dos seus institutos; e como tal se comporta durante vinte e cinco anos um meio intrinsecamente desfavorável.

Se essa prova que se tira da história, não basta para mostrar que a psique dos povoadores do Brasil se manteve a mesma, podemos obtê-las nos documentos políticos do tempo – carta régias, alvarás, sesmarias, etc. – todos eles estabelecendo o regime da propriedade privada, base última do regime burguês-capitalista.

Daí em diante, esse regime continuou e evoluiu da mesma forma que na Europa, com as mesmas vicissitudes que lá e, se a fortuna deixou de ser lá, com o advento da burguesia, essencialmente baseada na propriedade territorial e se transformou no atroz onzenarismo burguês dos títulos e apólices, cá também tem deixado de o ser na mesma proporção.

Teimam também os jornais em encontrar nessa questão da reforma social uma simples questão de salário. É uma teima que lhe fica bem, mas, é preciso que se lhes diga, não é das mais dignas nem das mais brilhantes.

Há, em tal questão, mais uma questão de dignidade humana, de direito que têm todos a encontrar na terra felicidade e satisfação, do que mesmo desejo de um maior ou menor ganho.

O que não é justo, é que muito poucos possam encontrar na vida mais que o supérfluo e alguns mais, unicamente o necessário.

Nessa questão, os jornais e os jornalistas são de uma coerência a toda a prova. Eles gabam os altíssimos salários que os operários têm nesta terra, mas nenhum deles quer ser o operário que os vence. Porque? Porque à situação de operário está ligada uma diminuição de personalidade, de consideração à sua importância necessária e puramente humana.

De resto, o trabalho é árduo, além de árduo é feito durante muitas horas seguidas e o cansaço tira e embota a alegria das restantes horas de repouso.

É inútil insistir esse ponto por demais debatido e esclarecido; e, se Taine mostra como pequenas causas morais, o desprezo da nobreza pela burguesia, exemplo aquela, contada por Mme. Roland, que, tendo ido visitar uns marqueses, estes lhe fizeram janta na copa, originaram o 93, é bem de ver que essas mesmas causas devem atuar no ânimo dos operários para desejarem um regime em que o seu esforço seja dignificado e honrado.

O intuito deste pequeno artigo não era falar nisso; era unicamente mostrar que a civilização do Brasil não é essencialmente diferente da Europa e ainda mais – o que não foi dito – que a relação entre a população e o território em nada favorece a tese do jornalista.

Os publicistas dos jornais fazem um cotejo simples entre a nossa população e o nosso território e daí concluem: “Essa gente não tem que fazer porque não quer. Há por aí tanta terra...”

Admitindo mesmo que nós nos pudéssemos fazer, assim do pé para mão, Robinsons Crusoes, e ir viver por aí isolados em cabanas, tirando dos arredores tudo de que precisássemos, havia ainda a consideração das terras imediatamente aproveitáveis e das que não o são, por estéreis, pantanosas e baldas dos mais elementares recursos de vida.

Se nós retiramos da superfície imensa do Brasil, as partes que são de alagadiços, as em que há secas, as cobertas de florestas, as estéreis, ela ficaria reduzida em muito. Se tirarmos aquelas que precisam de trabalhos de gerações, para serem aproveitadas, ainda ficaria mais reduzida.

Há grandes regiões do Brasil, em que faltam, por condições que não vêm ao pelo citar, bases para uma vida estável. Uma grande parte do Amazonas tem uma população de apanhadores de borracha cuja moradia verdadeira é em Manaus ou alhures.

Por isso ou por aquilo, vão buscar os elementos mais simples de sua vida fora da região em que operam e um tal território não pode ser adjudicado à superfície do Brasil eficiente área para a sua civilização.

Há na França, para não citar outro *país*, departamentos inteiros que vivem de pesca no mar do Norte e não queremos crer que os publicistas do Brasil somem a superfície desse mar ao território francês.

As condições, portanto, da civilização do Brasil quer as econômicas, quer as morais, quer as de território, justificam que haja quem desinteressadamente, brasileiro ou não, seja anarquista. Se a de lá está carunchosa, a de aqui também; uma é tão antiga quanto a outra: e convém lembrar também que é inútil nesta questão indagar-se se se é ou não de tal país, quando os jornalistas não se indagam deles mesmos se são ou não brasileiros, para se fazerem pinheiristas ou dantistas.

Os anarquistas falam da humanidade para a humanidade, do gênero humano para o gênero humano, e não em nome de pequenas competências de personalidades políticas; e se há muitos que o são por ignorância ou "esnobismo" consoante o dizer do jornalista conservador, mesmo assim merecem simpatias dos desinteressados, porque não usam daquelas ignorâncias nem daqueles "esnobismos" que dão gordas sinecuras na política e sucessos sentimentais nos salões burgueses.

Sentimos que o jornalista se haja emperrado no regime capitalista, mas estamos certos de que, por mais emperrado que seja, há de haver ocasiões em que pergunte de si para si: é justo que o esforço de tantos séculos, que a inteligência de tantas gerações, que o sangue de tantos homens de coração e o sofrimento de tantas raças, que tudo isso, enfim, venha simplesmente terminar nessa miséria, nesse opróbrio que anda por aí? É justo?

Livro *Feiras e Mafuás A Voz do Trabalhador,* Rio, 15.5.1913 (sob o pseudônimo de Isaías Caminha)

## Citações do livro *Numa e a Ninfa*

### Pg. 156

O antigo anarquista que Bogóloff era, sentiu no momento uma certa admiração pelos homens de Estado. Com a visão que lhe veio ali das suas responsabilidades, das suas dificuldades, da necessidade de emprego, de inteligência e imaginação que necessitavam as medidas que punham em prática, veio também por eles um respeito que nunca se tinha aninhado no russo libertário.

### Pg. 182

-Você é socialista. Não sei como você, filha de senador e mulher de deputado, pode ter ideias tão estrambólicas. Então, doutor, como vota?

*Numa e a Ninfa,* 1915

## São Paulo e os Estrangeiros

Quando, em 1889, o Senhor Marechal Deodoro proclamou a República, eu era menino de oito anos.

Embora fosse tenra a idade em que estava, dessa época e de algumas anteriores eu tinha algumas recordações. Das festas por ocasião da passagem da lei de 13 de maio ainda tenho vivas recordações; mas da tal história da proclamação da República só me lembro que as patrulhas andavam, nas ruas, armadas de carabinas e meu pai foi, alguns dias depois, demitido do lugar que tinha.

E é só.

Se alguma coisa eu posso acrescentar a essas reminiscências é de que a fisionomia da cidade era de estupor e de temor.

Nascendo, como nasceu, com esse aspecto de terror, de violência, ela vai aos poucos acentuando as feições que já trazia no berço.

Não quero falar aqui de levantes, de revoltas, de motins, que são, de todas as coisas violentas da política, em geral, as mais inocentes talvez.

Há uma outra violência que é constante, seguida, tenaz e não espasmódica e passageira como as das rebeliões de que falei.

Refiro-me à ação dos plutocratas, da sua influência seguida, constante, diurna e noturna, sobre as leis e sobre os governantes, em prol do seu insaciável enriquecimento.

A República, mais do que o antigo regime, acentuou esse poder do dinheiro, sem freio moral de espécie alguma; e nunca os argentários do Brasil se fingiram mais religiosos do que agora e tiveram da Igreja mais apoio.

Em outras épocas, no tempo do nosso Império regalista, céptico e voltairiano, os ricos, mesmo quando senhores de escravos, tinham, em geral, a concepção de que o poder do dinheiro não era ilimitado, e o escrúpulo de consciência de que, para aumentar as suas fortunas, se devia fazer uma escolha dos meios.

Mas veio a República e o ascendente nela da política de São Paulo fez apagar-se toda essa fraca disciplina moral, esse freio na consciência dos que possuem fortuna. Todos os meios ficaram sendo bons para se chegar a ela e aumentá-la desmarcadamente.

Protegidos, devido a circunstâncias que me escapam, por uma alta fabulosa no preço da arroba de café, de que, após a República, os ricaços da Pauliceia se fizeram os principais produtores, puderam eles melhorar os seus serviços públicos e ostentar, durante algum tempo, uma magnificência que parecia fortemente estabelecida.

Seguros de que essa gruta alibabesca do café a quarenta mil-réis a arroba não tinha conta em tesouros, trataram de atrair para as suas lavouras imigrantes, espalhando nos países de emigração folhetos de propaganda em que o clima do Estado, a facilidade de arranjar fortuna nele, as garantias legais – tudo, enfim, era excelente e excepcional.

A esperança é forte nos governos, que aqui, quer na Itália ou na Espanha; e desses dois últimos países, em chusma, acorreram famílias inteiras e milhares de indivíduos isolados, em busca da abastança, que os homens do Estado diziam ser fácil de obter.

A gente que o vem dominando há cerca de trinta anos enchia-se de contentamento e até estabeleceu a exclusão da sua polícia de gente com sangue negro nas veias.

A produção do café, porém, foi transpondo o limite do consumo universal e a descer de preço, portanto; e os doges do Tietê começaram a encher-se de susto e a inventar paliativos e remédios de feitiçaria, para evitar a depreciação.

Um dos primeiros lembrados foi a proibição do plantio de mais um pé de café que fosse.

Esta sábia disposição legislativa tinha antecedentes em certos alvarás ou cartas régias do tempo da colônia, nos quais se proibiam certas culturas que fizessem concorrência às especiarias da Índia, e também o estabelecimento de fábricas de tecidos de lã e mesmo de oficinas de artefatos de couro, para não tirar a freguesia dos do reino.

Que progresso administrativo!

Os paliativos, porém, não deram em nada e um judeu alemão ou americano inventou a tal história da valorização com que a gente de São Paulo taxou mais fortemente os agricultores e favoreceu os grandes e poderosos, nas suas especulações.

A situação interna principiou a ser horrível, a vida cara, enquanto os salários eram mais ou menos os mesmos anteriores. O descontentamento se fez e os pobres começaram a ver que, enquanto eles ficavam mais pobres, os ricos ficavam mais ricos.

Os governantes do Estado, que influíam quase soberanamente nas decisões da União, deixaram de fazer a tal propaganda do Estado no estrangeiro, mas aumentaram a polícia, para a qual adquiriram instrutores e mortíferas metralhadoras e deram em excomungar os estrangeiros a que chamam de anarquistas, de inimigos da ordem social, esquecidos de que andavam antes a proclamar que a elegância da sua capital, os seus lambrequins, as suas fanfreluches eram devidas a eles, sobretudo aos italianos. A influência dos estrangeiros, diziam, fez de São Paulo a única coisa decente do Brasil. E todos acreditavam, porque os dominadores de São Paulo sempre se esforçaram por esconder as dilapidações ou coisas parecidas, convencendo os seus patrícios de que o Estado, a sua capital, sobretudo, era coisa nunca vista.

Não havia um casarão burguês com umas colunas ou uns vitrais baratos, que eles logo não proclamassem aquilo o castelo de Chenonceaux ou o palácio dos Doges.

Tudo o que havia em São Paulo não havia em parte alguma do Brasil. A sua capital era uma cidade europeia e a capital artística do país.

Entretanto, a antiga província não dava, a não ser o Senhor Ramos de Azevedo, um grande nome ao *país* em qualquer departamento de arte.

Não contentes de proclamar isto dentro do Estado, começaram a subvencionar jornais e escritores de todo *o país* para espalharem tão pretensiosas afirmações, que o povo do Estado recebia como artigos de fé a fazer respeitar o "trust" político que o explorava ignobilmente. "Vanitas vanitatum"...

Seguro de que a opinião os apoiava, porque tinham feito o Estado o primeiro do Brasil, os políticos profissionais de São Paulo trataram de abafar as críticas dos estrangeiros descontentes ou com opiniões avançadas, a todos, enfim, que não se deixavam embair com a tal história de capital artística e cidade europeia.

Os estrangeiros, agora, já não serviam e eles queriam livrar-se do incomodo que os forasteiros lhe davam, criticando-lhes os atos, a sua cupidez, o esquecimento dos seus deveres de governantes, para só protegerem os ricaços, os monopolistas, que eram também estrangeiros, mas não no ponto de vista do governo estadual, que só julga assim aqueles que não partilham a opinião de que ele é o mais sábio do mundo e afirmam que, em vez de estar fazendo a felicidade geral, está concorrendo para enriquecer os seus filhos, seus genros, seus primos, seus netos e afilhados e os plutocratas ávidos.

Trataram logo de se armar de leis que fizessem abafar os seus gemidos; e uma delas é a célebre de exportação que não se coaduna com o espírito da nossa Constituição; que é inconsequente com a propaganda feita por nós para atrair estrangeiros, que podem e devem fiscalizar as nossas coisas, pois nós os chamamos e eles suam por aí.

Sem mais querer dizer, podemos afirmar que todo o nosso mal-estar atual, todo o cinismo dos especuladores com a guerra, inclusive Zé Bezerra e Pereira Lima, vêm desse maléfico espírito de cupidez de riqueza com que São Paulo infeccionou o Brasil, tacitamente admitindo não se dever respeitar qualquer escrúpulo, fosse dessa ou daquela ordem, para obtê-las, nem mesmo o de levar em conta o esforço, a dignidade e o trabalho dos imigrantes, os quais só lhe servem quando curvam a cerviz à sua desumana ambição crematística.

Livro *Bagatelas*, 1917

## Extratos de *Feiras e Mafuás*

Ainda é de tempo da minha meninice, as barraquinhas que se armavam no Campo de Santana, no largo em frente ao Quartel General, aí pelo mês de junho, por ocasião das festas tradicionais deste mês. Eram as barraquinhas de Santo Antônio ou de Santana, não me lembro ao certo o nome popular que tinham; mas sei bem que os poderes públicos do tempo toleravam essa espécie de feira, alicerçada em toscas roletas, porque os empresários pretextavam que a renda dela era destinada a acabar as obras de matriz de Santana, na antiga rua das Flores.

Os virtuosos jornais da época sempre implicaram com tal coisa. Clamavam e apostrofavam contra a desenfreada jogatina que havia naquelas barraquinhas.

De fato, as prendas eram tiradas à sorte, que corria numa espécie de roleta, pinguelim, ou que outro nome tenha, com um certo número de bilhetes de baixo custo. Em geral, eram aves de galinheiro: perus, galinhas, patos, marrecos, etc.; mas havia outras sortes: leitões, carneiros, cabras, rendas, potes, fitas, etc.

Fui lá várias vezes, em menino; e a lembrança que dessa curiosa feira tenho, é muito esbatida, diluída.

Lembro-me bem dos bichos, das barracas de tábuas, metim, sarrafos, iluminadas por toscos e fumarentos lampiões de querosene, que bem se pareciam com aqueles elementares a que as cozinheiras chamam "vagabundos".

Veio a república, e logo as novas autoridades acabaram com aquela folgança de mês. A república chegou austera e ríspida. Ela vinha armada com a Política Positiva, de Comte, e com os seus complementos: um sabre e uma carabina. Esta, ela deixou no descanso; mas o espadagão, o sabre, ela pôs no seu escudo. Quem quiser que o veja; eu – posso-lhes garantir – que já estou cansado de vê-lo nos tímpanos dos portões dos edifícios públicos, ou, então, funcionando aqui, ali ou acolá, por estes Brasis em fora. Quando opera assim, a carabina o segure.

Não se pode dizer muito mal do positivismo. Ele trouxe vantagens à nossa cultura e às nossas instituições políticas.

Quanto à cultura, o comtismo republicano, com todos os seus exageros dogmáticos, mostrou bem que toda aquela que não se baseava no estudo da ciência, tendo por princípio a matemática, era inane e não valia nada.

...

A ideia eclesiástica do "mafuá" não deixou de ter a sua repercussão nas concepções sociais dos nossos atuais dirigentes. O parentesco do "mafuá" com a "feira livre" da superintendência é evidente, é axiomático.

Há, entretanto, pequenas diferenças; o "mafuá" é à noite e a "feira livre" é pela manhã; nesta não há "rodas", não há "pinguelim", naquele há. E é só; no mais, ambos têm um constante ar de família. É a mesma coisa, com o idêntico aspecto da festa popular, pretexto para passeios e discretos namoros; e, tanto num, como na outra, vende-se de um tudo, como diz o povo. É mais outra semelhança. Não afianço; mas espero ver todos dois, daqui em breve, transformados em "carnaval", com bisnagas, *confetti,* serpentinas, ranchos e blocos.

O princípio da feira livre é profundamente socialista. Ela visa eliminar o intermediário entre o consumidor e o produtor, mas, para os seus sábios iniciadores, o intermediário só é o varejista, escorchado de impostos, coisa que não acontece com o da feira, que quase não paga nada de emolumentos ao governo.

Há dias, fui a uma delas, na minha vizinhança; e surpreendi-me, vendo aí vender-se açúcar. Cheguei e fiz menção de comprar. Pedi um quilo. O homem passou-me um pacote. Perguntei então:

- O senhor não tem balança?

- Para que? Isto aqui não é feira livre? É livre!

Concordei e, ao pagar o pacote, indaguei ao industrial:

- De onde é este açúcar?

- Não sei... Isto é: é de Pernambuco ou de Campos. Por que?

- Pensei que fosse da sua usina, aqui, nos arredores.

Afastei-me, deixando o homem espantado, com o espanto de quem acaba de falar com um maluco.

Mais adiante, parei, em face de um mercador que oferecia uma singular mercadoria. Eram sapatinhos de criança, toalhas de crochê, toucas, rendas de bilros, etc. entre estas últimas havia algumas lindas, bem acabadas, de um desenho feliz, que bem podia rivalizar com aquelas que Rei Alberto trouxe nos porões do "São Paulo" e são fabricadas em Bruxelas.

Conquanto o mercador tivesse uma catadura de domador de feras, eu me animei a dirigir-lhe a palavra, nestes termos:

- É o senhor mesmo quem faz essas lindas coisas de moça prendada?

- Que pergunta! Não; é minha mulher!

- Ah!

Encaminhei-me até um sujeito que vendia pintassilgos, canários e papa-capins, lembrando-me de Hércules fiando aos pés de Onfale.

A feira estava no seu auge. Dos bondes desciam moças e senhoras aos magotes. Todas bem vestidas e agasalhadas convenientemente. Os automóveis chegavam buzinando. Vi descer deles gente que não era positivamente suburbana. Tinham vindo, certamente, do Leme ou de Ipanema.

A modesta burguesia suburbana olhava esse pessoal que se diverte, com susto e, ao mesmo tempo, com estranha curiosidade.

Dentre ele, salientava-se uma guapa rapariga, morena, um tanto fanada, mas, assim mesmo, ainda bela com as suas viciosas olheiras roxas.

O cavalheiro que a acompanhava, apesar de ter passado a noite em claro, como era fácil de perceber, tinha ainda o colarinho imaculado e reluzente. Pelos dedos, pelo peito, anéis e brilhantes; a mulher também, tendo ainda por cima brincos, colares e braceletes.

Acompanhei-os com jeito. Dirigiram-se para a tenda do tal domador de feras, que vendia artefatos da feminina indústria doméstica. O domador, vendo a dama, tornou mais firme o seu mau olhar esperto. A rapariga disse então para o cavalheiro que lhe ia ao lado:

- Jaime, compra aqueles sapatinhos cor-de-rosa e aquela touca branca, com rendas.

- Para que, Benvinda? – perguntou ele, surpreendido.

- Para pôr na Zezé

- Que Zezé – expectorou o rapaz.

- Tolo! A boneca, a minha boneca, que está lá o quarto. Não a tens visto?

- Bem, - rematou o Tal Jaime; e comprou as prendas domésticas do domador de leões, tigres e panteras.

Está aí uma coisa que não é lá muito suburbana: comprar toucas e sapatinhos para pôr em bonecas. Se fosse para bebês de carne e osso...

livro *Feiras e Mafuás* Sem indicação de data, possivelmente escrito em 1918 para iniciar e nomear o livro

**Citações do livro *Diário Íntimo***

Pg. 199
Capítulo: 1918
*Lenine, Trotski, Kolontai*
Pg. 201
Bolchevismo
Pg. 202
*A Gazeta* de 1 e 2.12.1918, denuncia uma violência do delegado da 17º, sob o pretexto de anarquismo.
Pg. 202
Sem data

O artigo do Amaral tem o mesmo plano que o do Miguel Melo; o do Antônio Torres o mesmo que o daquele último; o do filho de Leão Veloso o mesmo que o do Torres.

Parece que o plano foi ditado pelo chefe de polícia devendo tocar nos seguintes pontos:

a-acoimar de estrangeiros os anarquistas, exploradores dos operários brasileiros;
b-debochar os seus propósitos e inventar mesmo alguns bem repugnantes e infames;

c-exaltar a doçura e o patriotismo do operário brasileiro;
d-julgar que eles têm razão nas suas reivindicações; que a dinamite não deve ser empregada, etc.; que devem esperar, pois a Câmara vai votar o Código do Trabalho, etc., etc.

Seria melhor mandar o Celso Vieira redigir uma circular, em papel da Chefatura de Polícia, e, mediante pagamento razoável, publicá-la em todos os jornais.

Viver às claras (2).

*Diário Íntimo*, 1918

## No Ajuste de Contas...

A nossa burguesa finança governamental só conhece dois remédios para equilibrar os orçamentos: aumentar os impostos e cortar lugares de amanuenses e serventes. Fora desses dois paliativos, ela não tem mais beberagem de feiticeiro para curar a crônica moléstia do "déficit".

Quanto ao cortar lugares, é engraçado o que se passa na nossa administração. Cada ministro, e quase anualmente, arranja uma autorização para reformar o seu ministério. De posse dela, um, por exemplo, o da Guerra, realiza a sua portentosa obra e vem cá para fora blasonar que fez uma economia de sessenta e nove contos, enquanto o do Exterior, por exemplo, com a sua, aumentou as despesas de sua pasta em mais de cem contos.

Cada secretario do presidente concebe que governo é só e unicamente o seu respectivo ministério e cada qual puxa a brasa para a sua sardinha.

Cabia ao presidente coordenar estes movimentos desconexos, ajustá-los, conjugá-los; mas, ele nada faz, não intervém nas reformas e deixa correr o marfim, para não perder o precioso tempo que tem de empregar em satisfazer os hipócritas manejos dos caixeiros da fradalhada obsoleta ou em pensar nas coisas de sua politiquinha de aldeola.

Enquanto as reformas com as hipotéticas economias são em geral obra dos ministros, o aumento de imposto parte, em geral, dos nossos financeiros parlamentares. Eles torram os miolos para encontrar meios e modos de inventar novos; e, como bons burgueses que são, os seus prepostos, sabem, melhor que o Imperador Vespasiano, que o dinheiro não tem cheiro. Partem desse postulado que lhes remove muito obstáculo e muitas dificuldades e chegam até às latrinas, como aconteceu o ano passado.

Essa pesada massa de impostos, geralmente sobre gêneros de primeira necessidade, devendo ser democraticamente igual para todos, vem verdadeiramente recair sobre os pobres, isto é, sobre a quase totalidade da população brasileira que é de necessitados e pobríssimos, de forma que as taxas dos Colberts da nossa representação parlamentar conseguem esta coisa maravilhosa, com as suas medidas financeiras: arranham superficialmente os ricos e apunhalam mortamente os pobres. Pais da pátria!

Desde que o governo da República ficou entregue à voracidade insaciável dos políticos de São Paulo, observo que o seu desenvolvimento econômico é guiado pela seguinte lei: tornar mais ricos, os ricos; e fazer mais pobres, os pobres.

São Paulo tem muita razão e procede coerentemente com as suas pretensões; mas, devia ficar com os seus propósitos por lá e deixar-nos em paz. Eu me explico. Os políticos, os jornalistas e mais engrossadores das vaidades paulistas não cessam de berrar que a capital de São Paulo é uma cidade europeia; e é bem de ver que uma cidade europeia que se preza, não pode deixar de oferecer aos forasteiros, o espetáculo de miséria mais profunda em uma parte de sua população.

São Paulo trabalha para isso, a fim de acabar a sua flagrante semelhança com Londres e com Paris; e podem os seus eupátridas estar certos que ficaremos muito contentes quando for completa, mas não se incomodem conosco, mesmo porque, além de tudo, nós sabemos com Lord Macaulay que, em toda a parte, onde existiu oligarquia, ela abafou o desenvolvimento do gênio.

Entretanto, não atribuirei a todos os financeiros parlamentares que têm proposto novos impostos e aumento dos existentes; não atribuirei a todos eles, dizia, tenções malévolas ou desonestas. Longe de mim tal coisa. Sei bem que muitos deles são levados a empregar semelhante panaceia, por mero vício de educação, por fatalidade mental que não lhes permite encontrar os remédios radicais e infalíveis para o mal de que sofre a economia da nação.

Quando se tratou aqui da abolição da escravatura negra, deu-se fenômeno semelhante. Houve homens que, por sua generosidade pessoal, pelo seu procedimento liberal, pelo conjunto de suas virtudes privadas e públicas e alguns mesmo pelo seu sangue, deviam ser abolicionistas; entretanto, eram escravocratas ou queriam a abolição com indenização, sendo eles mais respeitáveis e temíveis inimigos da emancipação, por não se poder suspeitar da sua sinceridade e do seu desinteresse.

É que eles se haviam convencido desde meninos, tinham como artigo de fé que a propriedade é inviolável e sagrada; e, desde que o escravo era uma propriedade, logo...

Ora, os fundamentos da propriedade têm sido revistos modernamente por toda a espécie de pensadores e nenhum lhe dá esse caráter no indivíduo que a detém. Nenhum deles admite que ela assim seja nas mãos do indivíduo, a ponto de lesar a comunhão social, permitindo até, que meia dúzia de sujeitos espertos e sem escrúpulos, em geral fervorosos católicos, monopolizem as terras de uma província inteira, títulos de dívida de um país, enquanto o Estado esmaga os que nada têm com os mais atrozes impostos.

A propriedade é social e o indivíduo só pode e deve conservar, para ele, de terras e outros bens tão-somente aquilo que precisar para manter a sua vida e de sua família, devendo todos trabalhar da forma que lhes for mais agradável e o menos possível, em benefício comum.

Não é possível compreender que um tipo bronco, egoísta e mau, residente no Flamengo ou em São Clemente, num casarão monstruoso e que não sabe plantar um pé de couve, tenha a propriedade de quarenta ou sessenta fazendas nos Estados próximos, muitas das quais ele nem conhece nem as visitou, enquanto, nos lugares em que estão tais latifúndios, há centenas de pessoas que não têm um palmo de terra para fincar quatro paus e erguer um rancho de sapê, cultivando nos fundos uma quadra de aipim e batata-doce.

As fazendas, naturalmente, estarão abandonadas; por muito favor, ele ou seus caixeiros permitirão que os desgraçados locais lá se aboletem, mas estes pobres roceiros que nelas vegetam, não se animam a desenvolver plantações, a limpá-las do mato, do sapê, da vassourinha, do carrapicho, porque, logo que o fizerem, o dono vendê-las-á a bom preço e com bom lucro sobre a hipoteca com que a obteve, sendo certo que o novo proprietário expulsá-los-á das terras por eles beneficiadas.

Na Idade Média e, mesmo no começo da Idade Moderna, os camponeses de França tinham contra semelhantes proprietários perversos que deixaram as suas terras *en friche*, o recurso do *haro*, e mesmo se apossavam delas para cultivá-las; mas a nossa doce e resignada gente da roça não possui essa energia, não tem mesmo um acendrado amor à terra e aos trabalhos agrícolas e procedem como se tivessem lido o artigo XVII da Declaração dos Direitos do Homem.

O que se diz com relação à propriedade imóvel, pode-se dizer para a móvel. Creio que é assim que os financistas dominam as apólices, moedas, títulos, etc.

O povo, em geral, não conhece esta engrenagem de finanças e ladroeiras correlativas de bancos, companhias, hipotecas, cauções, etc.; e quando, como atualmente, se sente esmagado pelo preço dos gêneros de primeira necessidade, atribui todo o mal ao taverneiro de esquina. Ele, o povo, não se pode capacitar de que a atual alta estrondosa do açúcar é obra pura e simples do Zé Bezerra e desse Pereira Lima que parece ter sido discípulo dos jesuítas, com a agravante de que o primeiro foi e o segundo é ainda ministro de Estado, cargo cuja natureza exige de quem o exerce, o dever de velar, na sua esfera de ação, pelo bem público e para a felicidade da comunhão.

Não estará tal coisa nas leis ou nos regulamentos; mas, evidentemente, se contém na essência de tal função administrativa.

Bastiat, nas suas *Mélanges d'Économie Politique*, tem um interessante capítulo, intitulado – "O que se vê e o que não se vê". Pouco ou quase nada se relaciona com o nosso assunto; mas, cite-o, porque foi a sua leitura que me fez considerar e analisar melhor certos fatos e não ficar como o grosso do povo preso "ao que se vê", sem procurar a verdadeira explicação no "que não se vê".

É difícil imaginar, para quem se atém unicamente "ao que se vê", como esse negócio de apólices é o cancro do orçamento e a fonte de todos os nossos males, provocados pelo critério supersticioso que têm os nossos financistas sobre a propriedade privada.

Poderia encher isto aqui de algarismos, obtidos nos relatórios pantafaçudos ou nas tabelas do orçamento, para provar o que digo; mas deixo essa difícil exibição sabichona para o Senhor Oto Prazeres, a fim de que ele possa fazer mais um livro e ir ainda uma vez levá-lo em pessoa ao Senhor Venceslau Brás.

O caso das apólices é muito semelhante ao da escravatura na geração anterior à nossa. É um ônus que, em geral, herdamos das gerações passadas. Não garanto; mas parece-me, que ainda pagamos juros de apólices emitidas em 1867; e mesmo que isto seja inteiramente verdade, deve ser aproximadamente, porquanto, de onde em onde, o governo, por isso ou aquilo, as substitui por outras, continuando, as novas, a serem virtualmente as velhas que aquelas substituíram.

Mirabeau, respondendo às objeções feitas a reformas radicais que rompiam totalmente com o passado, teve na Assembleia Constituinte de 89, uma comparação eloquentíssima. Se todos os nossos antepassados, dizia ele, ocupassem com os seus túmulos a superfície total da Terra, nós, os atuais habitantes, teríamos todo o direito de desenterrar os seus ossos, para cultivar os campos, criar gado, tirar da terra, enfim, a nossa subsistência.

Cito de memória; mas, julgo não ter deturpado o pensamento do grande Conde de Mirabeau, o qual vem esclarecer o meu, quando não quero aceitar uma carga injusta dos nossos pais e lembro que essa obrigação herdada por nós de pagar prêmios de apólices de empréstimos de que as gerações passadas abusaram, deve cessar inteiramente, pois é tal verba orçamentária que nos esmaga de impostos e faz a nossa atual vida dificílima, mais ainda do que os estancos de Limas Pereiras, Bezerras e caterva.

No próprio ponto de vista dos usurários e truculentos capitalistas, a apólice é um mal, é um capital imobilizado que não concorre para o desenvolvimento d*o país*; pois quem tem poucas, guarda-as, para receber juros como achego; e quem tem muitas, guarda-as também, para não fazer nada e viver do rendimento.

Contaram-me que há uma senhora que é possuidora de duas mil apólices de contos de reis; tem ela, portanto, a cinco por cento, o rendimento anual de cem contos de reis. Vive na Europa e não vem ao Brasil, há perto de trinta anos. Não gasta aqui um tostão, não dá aqui uma esmola, não paga um criado aqui e recebe quase tanto quanto o presidente da República, sem contar com a verba "representação", aliás, sempre aumentada.

Se o povo "visse", se o povo soubesse, como no caso dessa senhora, que nós já pagamos em juros o valor dessas apólices, pediria fossem elas canceladas e não continuassem a vencer prêmios e a vultosa quantia empregada no pagamento deles, cerca de sessenta mil contos, sendo suprimida do orçamento, serviria para aligeirar os impostos que oneram a carne seca e outras utilidades indispensáveis à vida de quase a totalidade dos habitantes d*o país*.

Outra medida que se impõe, é o confisco dos bens de certas ordens religiosas, bens que representam dádivas e ofertas da piedade, ou quer que seja, de várias gerações de brasileiros e agora estão em mãos de estranhos, porque os nacionais não querem ser mais frades. Voltem à comunhão, os bens.

Pode-se admitir que os conventos sejam asilos de crentes de ambos os sexos que se desgostaram com o mundo. Admito, na minha tolerância que quisera bem ser renaniana; mas os estatutos dessas ordens não deixam perceber isso. Para os conventos de freiras, para as próprias freiras, para as próprias irmãs de São Vicente de Paula (sei que não são freiras), não se entra sem um dote em dinheiro, sem um caríssimo enxoval, e, afora exigências de raça, de sangue e família.

Só se desgosta com o mundo, só tem ânsia de ser esposa de Jesus ou praticar a profunda caridade vicentina, as damas ricas e brancas, como a Nossa Senhora da Aparecida, de São Paulo. É mesmo católica essa religião?

Nos mosteiros dos frades, é a mesma coisa e, sabido como todos eles são ricos, não se apreende para que exijam tanta despesa dos noviços, criando dificuldades para iniciação monástica, quando o interesse da religião estava em facilitá-la. Há quem suspeite que esse dinheiro todo, os santos monges pretendem empregá-lo para a nossa desunião... O tempo nos dirá o que for verdade...

Um governo enérgico e oriundo do povo que surgiu, tem o dever de confiscar esses bens, de retalhar as suas imensas fazendas, de aproveitar os seus grandes edifícios para estabelecimentos públicos e vender, assim com as terras divididas, os prédios de aluguel que essas ordens possuem, em hasta pública.

A confiscação desses bens, obriga, para ser a medida completa, o governo a suprimir inteiramente todos os colégios de religiosos de ambos os sexos, sobretudo os destinados a moças ricas, por intermédio das quais, o clero acaba dominando os seus futuros maridos ou amantes; e, sabendo-se que estes são, em geral, pessoas poderosas e em altos cargos, a gente de sotaina pretende, desse modo, influir decisivamente nos atos dos poderes políticos d*o país* e obter a nossa completa regressão aos áureos tempos das fogueiras e do beatício hipócrita. Há mais.

Uma das mais urgentes medidas do nosso tempo é fazer cessar essa fome de enriquecer característica da burguesia que, além de todas as infâmias que para tal, emprega, corrompe, pelo exemplo, a totalidade da nação. Para amontoar milhões, a burguesia não vê óbices morais, sentimentais nem mesmo legais. Toca para adiante, passa por cima de cadáveres, tropeça em moribundos, derruba aleijados, engana mentecaptos; e desculpa-se de todas essas baixezas, com a segurança da vida futura dos filhos. Não encontraria mais motivo para proceder dessa maneira, mais infame do que o dos antigos salteadores dos grandes caminhos, se riscássemos do Código Civil o direito de testar, e as fortunas, por morte dos seus detentores, voltassem para o Estado; e nisto, imitaríamos os seus maiores, os burgueses da Revolução Francesa, que golpearam profundamente a nobreza, estabelecendo a igualdade de herança entre os filhos. O feudo, o castelo desapareceram, pois a fortuna deixou de passar intacta ou quase intacta, do marquês para o seu filho mais velho.

Todas estas medidas têm caráter financeiro, sem deixar de ter social; mas, a que me parece, mais urgente, é uma reforma radical do casamento, medida puramente social.

Eu sou por todas as formas de casamento; não me repugna admitir a poligamia ou a poliandria; mas transigiria se fosse governo. Continuaria a monogamia a ser a forma legal do matrimônio, mas suprimiria toda essa palhaçada de pretoria ou juizado de paz. O Estado só interviria para processar e condenar o bígamo; tudo o mais correria por conta das famílias dos nubentes. Os pais é que se encarregariam do processo, hoje chamado - "papeis de casamento" – e das cerimonias que fossem do seu gosto realizar; e o Estado só saberia do "caso", como atualmente, com o nascimento, por comunicação escrita das partes, para o competente registro. Não haveria nunca comunhão de bens; a mulher poderia soberanamente dispor dos seus.

O divórcio seria completo e podia ser requerido por um dos cônjuges e sempre decretado, mesmo que o motivo alegado fosse o amor de um deles por terceiro ou terceira.

A muitos leitores parecerão absurdas essas ideias; não pretendo convencer desde já todos, espero que o tempo e o raciocínio irão despertar neles simpatia por elas e a convicção da sua utilidade social. Apelo para todos aqueles que não têm a superstição da lei, dos códigos, dos praxistas, dos acórdãos, dos arestos, do Pêgas, do Lobão, das Ordenações, e outros alfarrábios caducos; e quanto aos doutores do Direito que estão envenenados, intoxicados até à medula, com tudo o que decorre do sinistro e cruel direito romano, codificado, em grande parte, por um tirano das margens do Propôntide e pela prostituta sua mulher, como diz Condorcet, nas suas *Réflexions sur l'Esclavage des Négres*; quanto a tais chacais e hienas a serviço dos burgueses, eu tomo a liberdade de dizer-lhes que, tarde ou cedo, sem eles ou com eles, há de se fazer uma reforma social contra o "Direito" de que são sacerdotes, pois o seu deus já está morto no coração da massa humana e só falta enterrá-lo, com o seu cortejo de apostilas e sebentas, de consolidações e manuais, não levando tal enterro senão as grinaldas dos arqueólogos, antiquários, geólogos e paleontólogos. "Requiescant in pace!"

Muitas outras medidas radicais me ocorrem, como sejam: uma revisão draconica nas pensões graciosas, uma reforma cataclismática no ensino público, suprimindo o "doutor" ou tirando deste a feição de brâmane do código de Manu, cheio de privilégios e isenções; a confiscação de certas fortunas, etc., etc.

Iremos, porém, devagar e por partes; e, logo acabada esta guerra que é o maior crime da humanidade, quando os filhos e os outros parentes dos pobres diabos que lá estão morrendo às centenas de milhares, ou se estropiando, tiverem de ajustar contas com esta burguesia cruel, sem caridade, piedade e cavalheirismo, que enriqueceu e está se enriquecendo de apodrecer, com esse horroroso crime, nós, os brasileiros, devemos iniciar a nossa Revolução Social, com essas quatro medidas que expus. Será a primeira parte; as outras depois.

Terminando este artigo que já vai ficando longo, confesso que foi a revolução russa que me inspirou tudo isso.

Se Kant, conforme a legenda, no mesmo dia em que a Bastilha, em Paris, foi tomada; se Kant, nesse dia, com estuporado assombro de toda a cidade de Koenigsberg, mudou o itinerário da excursão que, há muitos anos, fazia todas as manhãs, sempre e religiosamente pelo mesmo caminho – a comoção social maximalista tê-lo-ia hoje provocado a fazer o mesmo desvio imprevisto e surpreendente; e também a Goethe dizer, como quando, em Valmy viu os soldados da Revolução, mal ajambrados e armados, de tamancos muitos, descalços alguns, destroçarem os brilhantes regimentos prussianos, – dizer, disto, como disse: “a face do mundo mudou”. Ave Rússia!

Livro *Bagatelas*, 11.5.1918

## Vera Zassulitch

Afirmou Dostoievski, não me lembro onde, que a realidade é mais fantástica do que tudo o que a nossa inteligência pode fantasiar. Passam-se, na verdade, diante dos nossos olhos coisas que a mais poderosa imaginação criadora seria capaz de combinar os seus dados para criá-las.

Esse caso de Vera Zassulitch, cujo retumbante processo, fez estremecer a Europa, em 1878, é um deles. Tudo nele é estranho e convém ser ele lembrado agora, quando a Revolução Russa abala, não unicamente os tronos, mas os fundamentos da nossa vilã e ávida sociedade burguesa.

Não posso negar a grande simpatia que me merece um tal movimento; não posso esconder o desejo que tenho de ver um semelhante aqui, de modo a acabar com essa chusma de tiranos burgueses, acocorados covardemente por detrás da Lei, para nos matarem de fome, elevando artificialmente preço dos gêneros e artigos de primeira necessidade, como: o açúcar, a carne, o feijão, o arroz, o café, o sal, o pano, à custa de estancos, de "trusts", de "corners", de "alívios", tráficos de homens e outras inacreditáveis espécies de assaltos à economia de toda uma população miserável que já não tem por si nem os ministros do Evangelho, pois os padres, freiras e irmãs de caridade, todo o clero enfim, está amarrado à causa de semelhantes opressores e os apoia de todas as formas.

Disse Macaulay, num dos magníficos seus ensaios, que os filósofos franceses do século XVIII, quando combatiam a Igreja, estavam com os Evangelhos, pois a vetusta instituição religiosa de Roma, cada vez mais se afastava deles; e os filósofos cada vez mais se impregnavam do espírito de Jesus. Hoje, parece que está acontecendo o mesmo com os revolucionários...

Nós, porém – continuando – tal e qual a Rússia de 1878, dormimos. Como se lê no artigo de Victor Cherbuliez (G. Valbert), na *Revue des deus mondes*, de 1º de maio desse ano, os russos daqueles tempos, assim falavam do seu torpor: "Tudo dorme; por toda a parte, na aldeia, na cidade, na 'telega', no trenó, de dia, de noite, assentando, de pé, o negociante, o *tchinovnik* dorme; na sua ronda, dorme o vigilante, sob o frio da neve, sob o ardor do sol. E o réu dorme e o juiz dorme, os camponeses dormem com um sono de morte; se eles ceifam, lavram – dormem; se eles 'surram' o trigo, dormem ainda. Aquele que fere e aquele que é ferido dormem igualmente. Só o botequim está acordado, com os olhos sempre abertos. E, agarrando com os seus cinco dedos um garrafão de aguardente, a fronte para o polo norte e os pés no Cáucaso, dorme um sono eterno a nossa pátria, a Santa Rússia."

E nós poderíamos dizer do nosso resignado Brasil, que ele grande, imenso, rico e generoso, tendo os pés no Prata e a cabeça nas Guianas, com a gravata luxuosíssima do Amazonas, ao pescoço, dorme completamente encachaçado, deixando que toda uma quadrilha, com lábias de patoás vários, o saqueie e o ponha a nu, como os judeus fizeram a Nosso Senhor Jesus Cristo.

É assim o Brasil. Todos dormem e só se lembram, quando interrompem um pouco o sono, de apelar para o Estado, pedindo tais ou quais providências: e ninguém vê que o Estado atual é o "dinheiro" e o "dinheiro" é a burguesia que açambarca, que fomenta guerras, que eleva vencimentos, para aumentar os impostos e empréstimos, de modo a drenar para as suas caixas fortes todo o suor e todo o sangue do *país*, em forma de taxa alta de preços e juros de apólices.

Precisamos deixar de panaceias; a época é de medidas radicais.

Não há quem, tendo meditado sobre esse estupendo movimento bolcheviquista, não lobrigue nele uma profunda e original feição social e um alcance de incalculável amplitude sociológica.

Pondo de parte os panurgianos e aqueles de mentalidade fóssil a serviço dos magnatas da Bolsa, da Indústria e do Comércio, de todos os homens de inteligência e de coração, independentes, tanto aqui como acolá, ficaram pensativos diante de uma revolução que tão fundamente atingiu os alicerces, não só os de um grande e poderoso império, como também os de todas as concepções matrizes das atuais aglomerações humanas, chamadas civilizadas.

Não se podia compreender com a nossa mentalidade jurídico-burguesa, feita de detritos de tantas ideias coletivas diferentes e, por vezes, antagônicas, que meia dúzia de doidos vagabundos e ideólogos licenciassem, do pé para a mão, um exército de milhões de homens e pusessem um imperador, a sua mulher e seus filhos, na Sibéria.

Não foram os doidos, como Lenine e os outros são chamados pelos burgueses; não foram eles. Foram os oficiais e os soldados que se desarmaram a eles mesmos. É que a reforma de ideias e sentimentos já estava feita no íntimo deles todos; e, como observou Oliveira Lima, não lhes satisfaziam mais os ideais patrióticos e políticos; o essencial eram as medidas sociais. Puseram fora as carabinas...

De resto, tomo a liberdade de repetir aqui o que disse em *A Lanterna*, de 21 de janeiro último, com o pseudônimo de doutor Bogoloff, tratando do terremoto maximalista:

"Loucas ou não, é preciso contar com as suas utopias, pois se assim nos parecem hoje, talvez amanhã sejam disposições da legislação comum. A História nos ensina esse poder de que o nosso glorioso e ajuizado Afrânio Peixoto, desdenhosamente, com toda a superioridade de sua integridade mental, dá o nome de loucura ou outros mais rebarbativos. É uma força que não leva a Petrópolis; mas faz descer em um instante os que lá estão em namoro."

É de toda utilidade notar que eu tinha antes citado o doutor Gustavo Le Bon, que é anarquista em física e ultramontano em sociologia, mas que não trepida em afirmar, no seu livro *Civilisation des Arabes*, que "a ação da loucura há sido imensa. Os loucos fundam religiões, destroem impérios e levantam as massas. Sua mão poderosa tem conduzido a humanidade até aqui e a história seria toda outra, se a razão, e não a loucura, houvesse reinado sobre o mundo."

São de meditar tais palavras quando vemos o baixo interesse ou a nossa proverbial preguiça mental tentar amesquinhar os revolucionários russos com o epíteto: loucos. Entre eles, há mulheres. Há até uma Mme. Kolontai, que é ou foi ministro do Bem Público; não é de hoje, porém, que as mulheres russas, moças, em geral, se envolvem nesses movimentos, altruisticamente subversivos, do império dos Romanoffs. Esta Vera Zassulitch, que teve uma celebridade universal, é como o símbolo delas todas.

Acoimada de louca, foi verificado que nada tinha disso.

De resto, essa história de loucura, como muitas outras, é simplesmente questão de sentido da contagem; para esquerda do 0, é negativo; para a direita, é positivo. Mais nada.

No dizer de Cherbuliez, a deplorável vida que lhe haviam feito padecer os homens, teria perturbado uma razão menos sólida que a sua. Com dezessete anos, apenas acaba de terminar a sua educação em um pensionato de Moscou, encontra-se com o revolucionário Netchaieff, e, por ter se encontrado com Netchaieff, passa dois anos nas casamatas de uma fortaleza, sem que pudesse saber do que era acusada. Não via pessoa alguma; não recebia visitas dos pais ou parentes; os únicos rostos humanos que viu, durante esse largo prazo de tempo, mais largo ainda por não lhe darem tarefa alguma, foram o do guarda encarregado de lhe dar comida e o de sentinela que lhe perguntava, todo o dia, através das grades: como vai a senhora?

Os seus vinte anos, ela os viu passar assim sepultados na escuridão de uma masmorra, quando eles lhe pediam sol, luz, alegria, brinquedos, namoros, Amor!

Solta, foi só em aparência, pois por toda a parte a perseguia a polícia, a terrível polícia russa. Sois livre, diziam, mas todos os sábados tendes de ir à presença do comissário.

Foi assim a sua mocidade; não enlouqueceu: mas a sua alma, como quer Cherbuliez, foi invadida por essa tristeza russa que tem a imensidade e o silêncio das estepes; e, de todas as tristezas humanas, é a mais triste.

Um certo dia, o general Trepoff, ministro ou prefeito ou chefe de polícia de São Petersburgo, vai visitar na prisão os presos políticos.

Entre estes, havia um certo Bogoluboff que se anima a falar ao inquisidor do Estado, de gorro de prisioneiro, à cabeça.

Por causa disso, Trepoff manda dar-lhe uma surra de varas e o detendo é vergastado sem piedade.

Vera, uma espécie de Mariana das *Terres Vierges,* de Tsurgneneff, revolta-se ao ter notícia do fato.

Ela, no parecer do autor do artigo que estou resumindo; ela não era desgraçada por sua própria desgraça. Sofria por todos os oprimidos, por todos os deserdados; ou, antes, ela não sofria, ela se indignava, se revoltava. Vera ficava irritada ao mesmo tempo contra a sua impotência e contra a felicidade dessa gente por aí, calma, gorda e saciada, apesar de saber que milhões de pessoas gemiam e eram perseguidas de todos os modos.

Movida por esses sentimentos, ela, que nunca vira Bogoluboff, tão ferozmente injuriado e rebaixado de sua condição de Homem, jura vingar a ofensa e o suplício que lhe infligiram. Arma-se, procura Trepoff e mata-o, descarregando sobre ele todo o revólver que levava.

Foi a júri, confessou que obrara com todo o discernimento, com premeditação, de emboscada, etc., etc.; e é absolvida.

O resto não nos interessa; o que nos interessa, é o caráter dessa mulher, é a sua abnegação, é o seu sacrifício em prol do sofrimento de outrem que ela absolutamente não conhecia.

Não trepidou ela em cobrir-se com o opróbrio de um assassinato, de arriscar-se ao cárcere de cujas dores tinha experiência pessoal, de jogar até a cabeça, para mostrar que era "solidária" com a desgraça, com a angústia, com a dor de um semelhante...

Há um epitáfio de um navegante negro, antigo, encomendado por ele mesmo, caso morresse de naufrágio, que assim diz: "O marinheiro que aqui jaz, diz-te: faze-te de vela! O golpe de vento que aqui nos perdeu, fazia vogar ao largo toda uma flotilha de braços alegres."

Vera não naufragou de todo; mas se a Rússia morrer nesse transe, ela verá que o golpe de vento que a matou, fará singrar ao largo toda uma flotilha de povos felizes.

Livro *Bagatelas,* 14.07.1918

## Extratos de *Da Minha Cela*

O que os jornais disseram, uns de boa fé e outros cavilosamente inspirados, sobre o maximalismo e anarquismo, fez-me lembrar como os romanos resumiam, nos primeiros séculos da nossa era, o cristianismo nascente. Os cristãos, afirmavam eles categoricamente, devoram crianças e adoram um jumento. Mais ou menos isto, julgaram os senhores do mundo de uma religião que tinha de dominar todo aquele mundo por eles conhecido e mais uma parte muito maior cuja existência nem suspeitavam...

O ofício que o Senhor Aurelino dirigiu ao Senhor Amaro Cavalcanti, pedindo a dissolução da União Geral dos Trabalhadores, é deveras interessante e guardei-o para a minha coleção de coisas raras.

...

Mas, o Senhor Aurelino, que ia fazer versos ou coisa parecida, no lago das Fadas, no Excelsior, na gruta Paulo e Virgínia, lá na maravilhosa floresta da Tijuca, deu agora para Fouché caviloso, para Pina Manique ultramontano do Estado, para Trepoff, para Inquisidor do candomblé republicano, não hesitando em cercear a liberdade de pensamento e o direito de reunião, etc. Tudo isto me fez cair a alma aos pés e fiquei triste com essa transformação do atual chefe de polícia, tanto mais que o meu ofício não está com a verdade, ao afirmar que o maximalismo não tem "uma organização de governo".

Não é exato. O que é Lenine? O que são os soviets? Quem é Trotski? Não é este alguma coisa ministro como aqui foi Rio Branco, com menos poder do que o Barão, que fazia o que queria?

Responda, agora, se há ou não organização de governo, na Rússia de Lenine. Se é por isso só que implica com o bolchevismo...

Esse ódio ao maximalismo russo que a covardia burguesa tem, na sombra, propagado pelo mundo; essa burguesia cruel e sem coragem, que se embosca atrás de leis, feitas sob a sua inspiração e como capitulação diante do poder do seu dinheiro; essa burguesia vulpina que apela para a violência pelos seus órgãos mais conspícuos, detestando o maximalismo moscovita, deseja implantar o "trepoffismo", também moscovita, como razão de Estado; esse ódio – dizia – não se deve aninhar no coração dos que têm meditado sobre a marcha das sociedades humanas. A teimosia dos burgueses só fará adiar a convulsão que será então pior; e eles se lembrem, quando mandam cavilosamente atribuir propósitos iníquos aos seus inimigos, pelos jornais irresponsáveis; lembrem-se que, se dominam até hoje a sociedade, é à custa de muito sangue da nobreza que escorreu da guilhotina, em 93, na Praça da Greve, em Paris. Atirem a primeira pedra...

Lembro-lhes ainda que, se o maximalismo é russo, se o "trepoffismo" é russo – Vera Zassulitch também é russa...

...

O artigo de fundo do *O País* que citei, fez-me demorar a atenção sobre vários pontos seus que me sugeriram algumas observações.

O articulista diz que a plebe russa estava deteriorada pela vodka (aguardente) e as altas classes debilitadas por uma cultura intelectual refinada, por isso o maximalismo obteve vantagens no ex-império dos tzares. Nós, porém, brasileiros, continua o jornalista, somos mais sadios, mais equilibrados e as nossas (isto ele não disse) altas classes não têm nenhum refinamento intelectual.

O sábio plumitivo, ao afirmar essas coisas de "vodka", de "sadio", de "equilibrado", a nosso respeito esqueceu-se que a nossa gente humilde, e mesmo a que não o é totalmente, usa e abusa da "cachaça", aguardente de cana (explico isto porque talvez ele não sabia), a que é arrastada, já por vício, já pelo desespero da miséria em que vive graças à ganância, à falta de cavalheirismo e sentimento de solidariedade humana do nosso fazendeiro, do usineiro e, sobretudo, do poder oculto desse esotérico Centro Industrial e da demostênica Associação Comercial, tigres acocorados nos juncais, à espera das vítimas para sangrá-las e beber-lhes o sangue quente. Esqueceu-

-se ainda mais das epidemias de loucura ou melhor das manifestações de loucura coletiva (Canudos, na Bahia; "Mukers", no Rio Grande do Sul, etc.); esqueceu-se também do Senhor doutor Miguel Pereira ("O Brasil é um vasto hospital").

Esquecendo-se dessas coisas comezinhas que são do conhecimento de todos, não é de espantar que afirme ser o anarquismo os últimos vestígios da filosofia (não ponho a chapa que lá está) do *Contrato Social* de Rousseau.

Pobre Jean-Jacques! Anarquista! Mais esta, hein, meu velho?

Mais adiante, topei esta frase que fulmina o maximalismo, o anarquismo, o socialismo, como um raio de Zeus Olímpico: "na placidez estéril do 'nirvana' da preguiça universal".

Creio que foi Taine quem, num estudo, sobre o budismo, disse ser difícil à nossa inteligência ocidental bem apreender o que seja "nirvana". Está-se vendo que o incomparável crítico francês tinha bastante razão...

O profundo articulista acoima de velharias as teorias maximalistas e anarquistas, às quais opõe, como novidade, a surgir do término da guerra, um nietzschismo, para uso dos açambarcadores de tecidos, de açúcar, de carne seca, de feijão, etc. Não trepida, animado pelo seu recente super-humanismo, de chamar de efeminadas as doutrinas dos seus adversários, que vêm para a rua jogar a vida e, se presos, sofrer sabe Deus o que. Os cautelosos sujeitos que, nestes quatro anos de guerra, graças a manobras indecorosas e inumanas, ganharam mais do que esperavam em vinte, estes é que devem ser viris como os tigres, como as hienas e como os chacais. Eu me lembrei de escrever-lhes as vidas, de compará-las, de fazer com tudo isso uma espécie de Plutarco, já que não posso organizar um jardim zoológico especial com tais feras, bem encarceradas em jaulas bem fortes.

Livro *Bagatelas,* 25.11.1918

## Carta Aberta

*Excelentíssimo senhor Conselheiro Rodrigues Alves ou quem suas vezes fizer, na presidência da República.*

Quisera bem, Excelentíssimo Senhor, que esta fosse de fato lida por vossa Excelência, Conselheiro do ex-Império do Brasil, ex-presidente de província do mesmo Império, ex-ministro de Estado da República dos Estados Unidos do Brasil, ex-presidente de Estado federado da mesma república, ex-presidente dessa República, etc., etc. Os deuses cumularam Vossa Excelência de felicidades e a minha esperança é que Vossa Excelência se lembre desse dom extraordinário que deles recebeu, para impedir que o poder público se transforme em verdugo dos humildes e desprotegidos.

Tendo exercido tão altos cargos de governo, além dos legislativos que não citei, tanto no atual regime como no passado; sendo avançado em anos, é de esperar que Vossa Excelência esteja agora possuído de um sábio cepticismo no que toca à apreciação dos homens e dos regimes políticos e que essa flor maravilhosa de bondade e piedade, pelos erros de todos nós, tenha desabrochado no coração de Vossa Excelência e sempre adorne imarcessivelmente os atos e os julgamentos de vossa Excelência.

Não é, portanto, "chapa" manifestar eu aqui o meu desejo de que esta encontre Vossa Excelência no gozo da mais perfeita saúde em companhia de Excelentíssima Família, mas... no Catete.

Não há nisso, Excelentíssimo Senhor, nenhum desdém, nem malquerença com Guaratinguetá; mas concordará vossa Excelência que esta nossa República que se está fazendo tão burguesmente aristocrática não pode permitir que a sua capital seja uma pequena cidade do interior, certamente pitoresca, mas demasiadamente modesta para tão alto destino.

Suponho até que há por aí, Excelentíssimo Senhor Presidente eleito, muitos condes eclesiásticos e Rockefellers das tarifas alfandegárias, muitos descendentes dos cruzados, que não estão contentes com a cidade do Rio de Janeiro, para capital do Brasil. Acham-na totalmente imprópria e indigna de tal função.

Na sua peculiar concepção ultramoderna e super-humana da vida, em que tudo é dinheiro, tende para ele e se resolve com ele; em que o amor é dinheiro e dinheiro é amizade, lealdade, patriotismo, saber, honestidade; tais cavalheiros, dizia eu, Excelentíssimo Senhor, pensaram ultimamente em alugar, arrendar ou mesmo comprar uma cidade bem "chic", bem catita, para capital desse feudo brasileiro, cujo habitantes miseráveis eles explorariam de longe com corveias, banalidades, gabelas e outros impostos e dízimos batizados com nomes modernos e canalizados para as suas algibeiras por meios hábeis. Escusado será dizer à Vossa Excelência que o aluguel, o arrendamento ou a compra da cidade em condições seria realizada com o dinheiro d*o país*.

Não me parece que Vossa Excelência tenha tão ingrato pensamento em relação à nossa pátria; mas Vossa Excelência deve deixar Guaratinguetá e vir para o Rio, onde há muita coisa para vossa Excelência ver e distrair-se com o procurar remédio para sanar as que forem maléficas.

Cochicham por aí que as nossas finanças vão mal; que a nossa situação internacional é melindrosa; que precisamos tratar energicamente do nosso surto econômico, etc., etc.

Ouço falar baixinho de tudo isto; mas não vejo ninguém referir-se ao mal profundo que nos corrói. Corroi-nos, Excelentíssimo Senhor conselheiro, um pendor mal disfarçado para o despotismo da burguesia enriquecida com a guerra, por todos os meios lícitos e ilícitos, honestos e imorais, de mãos dadas com as autoridades públicas e os representantes do povo.

Não são mais os militares que aspiram a ditadura ou a exercem. São os argentários de todos os matizes, banqueiros, especuladores da bolsa, fabricantes de tecidos, etc., que, pouco a pouco, a vão exercendo, coagindo, por esta ou aquela forma, os poderes públicos, a satisfazer todos os seus interesses, sem consultar o da população e os dos seus operários e empregados. Vossa Excelência, já pela sua idade, já pelos seus conhecimentos, já pela experiência que deve ter de semelhante gente, certamente, mesmo estando longe, tem observado e registrado tão anômalo fato. O Centro Industrial, por exemplo, o esotérico e cabalístico Centro Industrial, realiza sessões secretíssimas, cujas atas são assinadas, não por indivíduos, mas por firmas de institutos, de sociedades industriais, e expede intimações ao governo que, diante delas, estremece. A Associação Comercial, graças à vaidade de alguns dos seus diretores, aos quais as glórias de Demóstenes e de Cícero não deixam dormir, não se escondem no mistério. Fala alto e grosso e intimida o governo com ameaça de represálias da honra da classe comercial.

Desde Fénelon, há quase três séculos, que sabemos, pelo seu *Discours sur l'inégalité des conditions* que "les riches ne sont que les depositaires des possessions qu'appartiennent a tout le genre humain".

Não parece a Vossa Excelência que os nossos homens de Estado deviam saber isto e o mais que se segue, afirmando por completo o pensamento do arcebispo de Cambrai, para não satisfazer as exigências corsarianas que, em nome de uma concepção canibal de propriedade, lhes vão fazendo os argentários, os industriais e os atravessadores de mercadorias de primeira necessidade, em detrimento de todos?

Para mais tarde, ficará a explanação do que acima fica dito. Certamente para breve, mas após a explicação, pois a espero, do articulista do *O País*, de 22 do passado, que acusou Rousseau de anarquista. Aguardo-a, e, se ela não vier, eu terei que explicar porque estranhei tal coisa. Isto, porém, não interessava Vossa Excelência e trato de continuar as considerações que vinha fazendo.

Não é, Excelentíssimo Senhor Doutor Rodrigues Alves, que o Zé Bezerra, o Cazuza lá do Cabo, deu em berrar aos ouvidos do governo que é produtor e, por isso, quer tal ou qual medida? Apelo para a idade de Vossa Excelência, Senhor Presidente eleito: algum dia Vossa Excelência ouviu dizer que Zé Bezerra produzisse alguma coisa? Só se fossem batatas e, assim mesmo, não seria ele só. Havia de haver algum cristão que o auxiliasse, pois o Coronel Cazuza é absolutamente estéril.

Não foi à toa que Spencer, nos seus *Fatos e Comentários*, disse que detestava essa concepção de progresso que tem como objetivo o crescimento da população, o aumento da riqueza, a expansão comercial. Só dominando uma tal concepção, é que se podia ver com influência, poder e atitude de legislador um Zé Bezerra e outros que tal. Vossa Excelência há de perdoar-me tais expansões, mas os fatos subsequentes aos acontecimentos de 18 de mês passado, trouxeram-me tanto fel à alma que, mesmo dirigindo-me a pessoa tão respeitável como Vossa Excelência, eu contenho a minha indignação a muito custo.

Não espere vossa excelência que eu venha aqui discutir maximalismo ou anarquismo. Além de ser fora de propósitos, seria indelicado fazê-lo com Vossa Excelência.

Quero também chamar a atenção de Vossa Excelência para o modo de proceder da nossa alta polícia, pois só me referirei a ela, no curso desta missiva, porquanto, Excelentíssimo Senhor, a pequena, a dos humildes guardas, etc., é envenenada, é mal educada pelo proceder de seus chefes prepotentes, ou que se julgam onipotentes.

Depois do motim de 18, ingênuo que foi, por assim dizer, o gabinete do chefe de polícia se encarregou de mandar publicar nos jornais, como sendo propósitos, objetivos dos rebelados, as mais torpes invenções ou as mais estúpidas que a imaginação dos seus auxiliares criava. A ligeireza proverbial dos nossos grandes jornais, quase todos, por isso ou aquilo, gratos aos grandes burgueses, não as examinou detidamente e espalhou-as aos quatro ventos, servindo as folhas volantes, algumas de boa fé e outras conscientemente, aos intuitos cavilosos da alta administração policial que procurava tornar antipática a causa dos operários aos olhos da população. Não é só isso. As crônicas e artigos que apareceram, dias depois, obedeciam todos a um mesmo esquema.

Por essa época, li diversos jornais e verifique tal fato. O artigo de fundo do *O País* de 22, é traçado no mesmo plano que vai seguir a crônica de Miguel Melo, na *Gazeta* a 25; o artigo de Antônio Torres, na mesma *Gazeta*, um ou dois dias depois, caminha nas pegadas do daquele último; o Senhor Leão Veloso, no *Correio da Manhã*, não se afasta muito da inspiração dos três primeiros...

Se o chefe de polícia, acredite Vossa Excelência, tivesse expedido uma circular a tal respeito, em papel de sua repartição, a obra sairia mais igual, tão-somente isso, porque os artigos todos, se não são iguais são parecidos. Os pontos capitais em que se tocam podem ser reduzidos a quatro:

a) Acoimam de estrangeiros os agitadores, que exploram a boa fé dos operários brasileiros, à custa dos quais vivem sem trabalhar;
b) Debocham, com a Ciência do Bom Homem Ricardo e a profundeza dos julgamentos de Sancho c) Pança, na ilha de Baratária, as doutrinas e ideias dos amotinados, das quais os autores dos artigos só têm conhecimento pela versão cavilosa dos poderes policias;
d) Exaltam a doçura, a resignação e o patriotismo do operário brasileiro;
e) Admitem que os operários têm motivos de queixa, mas que, em vez de fazerem distúrbios, devem esperar serenamente a ação governamental: Código de Trabalho, etc., etc.

Ao apreciar tais artigos da forma acima, não quero absolutamente, mesmo em se tratando do *O País*, dar a entender que eles hajam obedecido a impulsos suspeitos, e partidos de uma mesma origem, para se apresentarem assim, aos nossos olhos, com um tão flagrante parentesco. Entre os signatários deles, conheço bem dois e sobre a honestidade de ambos faço o melhor juízo; e dos dois artigos restantes, um não tem assinatura, o do *O País*, o que não acontece com o do *Correio da Manhã*, não tendo também eu motivo algum para suspeitar da sinceridade dos seus autores.

Atribuo essa semelhança fortuita, a outras causas, Vossa Excelência há de me permitir que faça uma pequena digressão.

Além da educação de todos eles, além do misoneísmo fatal e necessário aos jornalistas dos grandes jornais, há, para determinar esse uniforme julgamento deles sobre a agitação dos operários e as teorias que os animaram o que se pode chamar a ambiência mental da imprensa periódica. Ela é feita com o desconhecimento total do que se passa fora da sua roda, um pouco da política e da dos literatos, determinando esse desconhecimento um desprezo mal disfarçado pelas outras profissões, sobretudo as manuais, e pelo que pode haver de inteligência naqueles que as exercem. Junte-se a isto uma admiração estulta pelos sujeitos premiados, agaloados, condecorados, titulados e as opiniões deles; considere-se ainda as insinuações cavilosas dos espertalhões interessados nisto ou naquilo, que cercam os homens de jornais de falsos carinhos e instilam no seu espírito o que convém às suas transações; leve-se em conta ainda mais que todo o plumitivo tem amor à pilhéria e não perde vaza para fazê-la, mesmo que seja injusta; e, por fim, em certos casos, obrigados pela natureza da profissão, são eles chamados a avançar julgamentos precipitados, improvisados sobre questões de que não conhecem os mais simples elementos. Tudo isso e mais alguns outros aspectos peculiares à vida jornalística foram o que se pode chamar, e eu chamarei, a ambiência intelectual da imprensa quotidiana.

Para os homens de jornal, as nossas ideias de Estado, de direito e propriedade são intangíveis; promanam diretamente de Deus e são inabaláveis. Por deficiência de leitura, de meditação, de reflexão, Excelentíssimo Senhor Conselheiro, em geral, os jornalistas não percebem que, no correr das idades, nesta ou naquela parte da Terra, devido a estes ou aqueles fatores, tais ideias se têm revestido de diversos aspectos e formas várias e nada nos garante que as que temos nós atualmente, não possam ser modificadas, desde que o seu uso ou abuso venha a mostrar, com está acontecendo, que, longe de serem úteis, são nocivas e prejudiciais à humanidade.

Se os homens de jornal não se deixassem envaidecer com a sua situação pessoal, procurassem reagir contra a ambiência mental da profissão e tivessem estudado um pouco dessas questões sociais que há tanto tempo estão na ordem do dia e preocupam todas as inteligências e os curiosos de coisas espirituais, não engoliriam os carapetões da polícia e sobre eles não bordariam os seus artigos e crônicas. Talvez não fosse preciso tanto. Bastava que interrogassem habilmente os seus colegas de reportagem policial, para saber qual o espírito que domina os magnatas da tenebrosa repartição da rua dos Inválidos.

A grande preocupação dos delegados e mais graúdos policiais é "mostrar serviço ao chefe" e a grande preocupação do chefe é "mostrar serviço" ao ministro e ao presidente da República. Isto, tanto no que toca aqueles como a este, sem olhar obstáculos, abafando todos os escrúpulos de consciência, seja como for, sofra quem sofrer.

Há uma anedota que bem exprime essa feição mental dos nossos delegados. Peço licença a Vossa Excelência para contá-la.

O bacharel A. P., há anos, era delegado de uma das nossas circunscrições policiais. Certo dia, chega à delegacia e pergunta logo, ao comissário:

- Matias, quantos presos estão no xadrez?

- Nenhum, doutor.

Ao receber semelhante resposta, o delegado ficou indignado e pôs-se a esbravejar:

- Como? Nenhum? Que relaxamento é este, seu Matias?

- Mas, doutor....

- Não tem "mas", não tem nada! Busca aí duas praças e vai arranjar-me pelo menos um preso... É preciso! Se o chefe souber que o xadrez está vazio, o que dirá de mim? Vai...

Esclarecido assim Vossa Excelência sobre a feição psicológica especial à nossa alta polícia, pedia eu à Vossa Excelência que voltasse as vistas para as centenas de pessoas que o Senhor Aurelino anda arrebanhando para os seus cárceres, sob o pretexto de serem anarquistas e conspiradores, acusações que ele não baseia em documento algum, pretendendo, entretanto, atirá-los para Fernando de Noronha, ou outro qualquer desterro. Não preciso lembrar a Vossa Excelência que ser anarquista, ter opiniões anarquistas, não é crime algum. A República admite a máxima liberdade de pensamento; e, desde que o anarquista seja pegado jogando bombas, dando tiros de revólver, perturbando a ordem, cai no domínio do Código Penal, já não é anarquista que a polícia tem nas mãos, com o qual ela nada tem a ver; é o malfeitor, o desordeiro, o sedicioso, para quem, neste país com tantas faculdades de Direito e tantos jurisconsultos à matroca, as leis devem cominar penalidades, à vista das provas do crime e depois de julgamento regular. Assim sendo, esperava que o prestígio de Vossa Excelência agisse de tal forma que, estrangeiros e nacionais, anarquistas ou não anarquistas, mandantes e mandatários, os responsáveis pelos delitos ou crimes do dia 18 de novembro sejam processados regularmente, com os mais amplos meios de defesa, cabendo somente à polícia apresentar os documentos que possui contra eles e não, como ela quer, julgá-los sem defesa e condená-los em segredo, para o que lhe falta competência legal e é perfeitamente imprópria.

Vossa Excelência vem pela segunda vez presidir os destinos do Brasil; Vossa Excelência tem experiência e traquejo de governo; e não deve, creio eu, consentir que empane a longa vida pública de Vossa Excelência, a repetição das cenas dantescas do "Satélite", das deportações para os pantanais do Acre, dos tormentos nas masmorras da ilha das Cobras e de outros fatos assaz republicanos.

Fico perfeitamente crente de que Vossa Excelência não quererá que a República do Brasil venha substituir no mundo, a autocracia russa, com a sua Sibéria e os hediondos Trepoffs. Assim seja.

Sou de Vossa Excelência concidadão obediente e respeitador.

Livro *Bagatelas,* 2.2.1918

## Sobre o Maximalismo

Em 11 de maio do ano passado, na revista *A B C*, desta cidade, na qual durante muito tempo colaborei, tive ocasião de publicar um longo artigo – "No ajuste de contas" – que as bondosas pessoas que o leram, tacharam-no logo de manifesto maximalista. O artigo não tinha esse pomposo intuito, mas, sendo tomado por tal, eu deixei que ele assim corresse mundo e fui desde logo classificado e apontado como maximalista. Quando houve o motim de 18 de novembro, estava no Hospital Central do Exército, havia perto de quinze dias; mas, assim mesmo, espantei-me que o trepofismo da rua da Relação não quisesse ouvir-me a respeito.

Desde esse artigo, muito de longe, tenho tocado nessa questão de maximalismo; mas, lendo na excelente *Revista do Brasil*, de São Paulo, o resumo de uma conferência do eminente sociólogo argentino, senhor doutor José Ingenieros, lembrou-me voltar à carga, tanto mais que os nossos sabichões não têm nem uma espécie de argumento para contrapor aos apresentados pelos que têm meditado sobre as questões sociais e veem na revolução russa, uma das mais originais e profundas que se tem verificado nas sociedades humanas. Os doutores da burguesia limitam-se a acoimar Lenine, Trotsky e seus companheiros de vendidos aos alemães.

Há por aí uns burguesinhos muitos tolos e superficiais, porém, que querem ir além disto; mas, cuja ciência histórica, filosófica e cuja sociologia só lhes fornecem como bombas exterminadoras dos ideais russos a grande questão de tomar banho e a de usar colarinho limpo.

Estes meninotes, *ad instar* Eça de Queiroz, repisam essas bobagens com ares petronescos de romanos da decadência que jantam no Novo Democrata, faltando-lhes até um bocadinho de energia viril para arranjar um emprego nos Correios.

Os ricaçozinhos que lhes repetem as sandices, esquecem-se que, quando os pais andavam nos fundos dos armazéns e dos trapiches, a trabalhar como mouros para conseguir as fortunas que eles agora nem as gozar sabem, mal tinham eles tempo para lavar o rosto, pela manhã, e, à noite, os pés, para deitarem-se. Foi, à custa desse esforço e dessa abnegação dos pais, que esses petroniozinhos agora obtiveram ócio para bordar vagabundamente almofadinhas, em Petrópolis, ao lado de meninas deliquescentes. Hércules caricatos aos pés de Onfales cloróticas e bobinhas.

A argumentação dessa espécie de insetos ápteros, cujos costumes e inteligência estão à espera de um Fabre para serem estudados, convenientemente, dá bem a medida da mentalidade deles.

Os que são ricos, de fato, e aqueles que se querem fazer ricos, à custa de um proxenetismo familiar qualquer, sentindo-se ameaçados pelo maximalismo, e tendo por adversários homens ilustrados, lidos, capazes de discussão, deviam se tivessem um pingo de massa cinzenta no cérebro, procurar esmagar os seus inimigos com argumentos verdadeiramente científicos e hauridos nas ciências sociais. Não fazem tal, entretanto; e ciframse em repetir *blagues* do Eça e coisas do popular *Quo Vadis*. "*Non ragioniam di lor, ma guarda e passa*"...

Deixemo-los, portanto; mas o mesmo se pode fazer com o articulista de fundo do *O País*, que toda a gente sabe ser o Senhor Azevedo Amaral. Este Senhor, de uma hora para outra, adquiriu, nos centros literários e jornalísticos do Rio de Janeiro, uma autoridade extraordinária sobre essas questões sociais. Não quero negar-lhe valor; ela, a autoridade, era justa até certo ponto; mas vai se tornado insolente, devido ao exagero dos administradores e sicofantas da ilustração do senhor Azevedo Amaral.

O senhor Azevedo Amaral é hoje o assessor ilustrado do senhor João Lage, no *O País*; é o seu consultor para as coisas de alta intelectualidade, que demandam leituras demoradas, o que o senhor Lage não pode fazer, pois anda sempre atrapalhado com intermináveis partidas noturnas de "poker" e, de dia, com as suas manobras do gênero jornalístico, nacional e estrangeiro. É o senhor Amaral quem fala pelo senhor Souza Lage a respeito da grande política, das questões econômicas e sociais; e fala com a segurança de sua fama, com a irresponsabilidade do anonimato e o com o desdém pelos seus prováveis contraditores que só o podem atacar, pelas pequenas revistas e jornais obscuros, aos quais ninguém dá importância. O senhor Amaral escreve no *O País*, órgão da burguesia rica do Rio de Janeiro, do Banco Ultramarino, do Teixeira Borges, que está sempre a navegar de conserva com as nossas esquadras, do Souto Maior & Cia., do visconde de Moraes, etc.; e, sendo todos os grandes jornais mais ou menos isso, isto é, órgãos de frações da burguesia rica, da indústria, do comércio, da política ou da administração, é bem de ver que um artigo maximalista não terá publicidade em nenhum deles. Dessa forma, pode o senhor Amaral dizer o que quiser, impunemente, sem arriscar-se às polêmicas que lhe arranhem a reputação literária. É invencível e invulnerável.

Quando, em 22 de novembro de 1918, ele disse que Jean-Jacques Rousseau era anarquista ou que o anarquismo tinha origem na "filosofia sentimental e chorosa" (chapa nº 1.783) do autor do *Contrato Social*, eu, dias depois, pela revista *A B C*, emprazei-o a demonstrar tal coisa.

Habituado, sempre que posso, a ir às fontes, nunca tinha encontrado, na leitura das obras de Rousseau, semelhante espirito, nem mesmo a mais tênue tendência para o anarquismo.

Rousseau, ao contrário, é um crente da Legislação e do Estado, que organiza como uma máquina poderosa, para triturar o indivíduo, cujas atividades de toda a ordem devem ser marcadas por leis draconianas. Jean-Jacques, como toda a gente sabe, era um grande admirador do despotismo do Estado, existente em Esparta, a que houve de fato ou a que está nas vidas dos seus heróis, Licurgo, Agesilau, etc., contadas por Plutarco. Houve até quem dissesse que era um duro Calvino leigo. Como esse seu espírito está longe do anarquismo!

No *Contrato Social*, liv. II, cap. VII, tratando "Do Legislador", ele diz textualmente: "II faut, en une mot, qu'il (o legislador) ôte à l' homme ses forces propres", etc.; e no período seguinte: "Plus ces fortes naturelles sont mortes et anéanties, plus les acquises sont grandes et durables, plus aussi l'institution est solide et parfaite: en sorte que si chaque citoyen n'est rien, ne peut rien que par tous les outres, et que la force acquise par le tout soit égale ou supérieure à la somme des forces naturelles de tous les individus, on peut dire que la législation est au plus haut point de perfection qu'elle puisse atteindre".

Estão nestas palavras suas consubstanciado o ideal do autor das *Confessions*, no tocante à política. Ele é um crente na eficácia do Estado e da Legislação; e não há autor anarquista que seja capaz de subscrever tais palavras. Não há um, e com razão, que não negue o Estado e duvide da eficácia da Legislação. Em geral, o que o anarquismo quer, é soltar os homens, deixá-los agir livremente, sem leis, nem regulamentos, ou peias legais quaisquer, para que, pela livre e autonômica ação de cada uma das forças individuais, em virtude da simpatia que nos solicita, uns para os outros, se obtenha naturalmente o equilíbrio de todas as forças e atividades humanas.

Como é então que o senhor Amaral, sociólogo *ad hoc* do senhor João Lage e do capitalismo cínico de que este é órgão, escreve um trecho como este? Vejam só:

"A esse ideal novo de força, de ação e de trabalho, o anarquismo, refletindo os últimos vestígios da filosofia sentimental e chorosa do autor do 'Contrato Social', vem de opor a utopia desvirilizada de um mundo, enervado pela supressão da luta e da concorrência que elimina os fracos e os incapazes, de uma terra adormecida na placidez estéril do nirvana da preguiça universal."

Esse "novo ideal" era de fazer rir; e o "nirvana da preguiça" merecia comentários. Deixo-os para outra ocasião. O meu fito, relembrando estas coisas aqui, é notar a estólida pretensão dos famosos jornalistas daqui, deste meu Rio de Janeiro. O senhor Amaral é doutor, guindou-se aos grandes jornais, onde tem tido posições da admiração estulta dos redatores autorizados e dos repórteres de polícia, e julga-se por isso com bastantes títulos, para não defender as solenes afirmações que faz, por escrito, público e raso.

Eu sei que ele avança para não me responder. Tenho em muita boa conta o seu espírito, para não acreditar que me desdenhe por não ser eu formado. Quando sua senhoria andava pela Escola de Medicina, sabe bem o doutor Amaral que eu veraneava pela Escola Politécnica; e se não me formei, honesta ou desonestamente, foi porque não quis.

Não é razão para o seu espírito, estou certo disso; mas, há de pesar um pouco, devido às influências ambientes; e mais ainda: dado o meio em que vive, de pequenas invejas e rancores, de censuras farisaicas e virtudes tartufescas. Sua senhoria convenceu-se de que não devia dar-me trela porque eu bebo e escrevi em uma revista que não era, e não é, de toda obscura. Se fosse em um jornal...

O senhor Azevedo Amaral, por contágio, adquiriu aquela moléstia da nossa reportagem que só julga coisa importante e inteligente o que sai nos nossos grandes jornais de notícias policiais. É de admirar, porque, em geral, embora seja admitido o contrário, o homem superior não se adapta.

Lembrei tudo isto, porquanto tendo há quase um ano, como já disse, deitado uma espécie de manifesto maximalista, estou na obrigação e me julgo sempre obrigado a seguir o que aqui se disser a respeito dos ideais da revolução russa em que me baseei naquele meu escrito.

Digo ideais e não as fórmulas e medidas especiais, porquanto, desde o começo, tinha visto que elas não podiam ser as mesmas em todos os países.

O senhor Ingenieros, muito mais sábio nessas coisas do que eu, e muito mais experimentado nelas, assim definiu o maximalismo: *a aspiração de realizar o máximo de reformas possíveis dentro de cada sociedade, tendo em conta as suas condições particulares.*

É o que se pode ler no número da *Revista do Brasil* de São Paulo, a que já aludi, e no qual mais adiante ele esclarece o seu pensamento, mostrando como na Rússia é necessária a nacionalização dos imensos latifúndios que estão em mãos de particulares, mas que tal medida, na Bélgica ou na Suiça, não teria razão de ser, porquanto nestes dois últimos países, a propriedade agrícola está já muito subdividida nas mãos dos mesmos que trabalham.

No meu artigo "No ajuste de contas" inspirado nas vagas coisas sobre a "Revolução russa", de que tinha notícia, eu pedia que se pusesse em prática quatro medidas principais: a) supressão da dívida interna, isto é, cessar de vez, o pagamento de juros de apólices, com o qual gastamos anualmente cerca de cinquenta mil contos; b) confiscação dos bens das ordens religiosas, sobretudo as militantes; c) extinção do direito de testar; as fortunas, por morte dos seus detentores, voltavam para a comunhão; d) estabelecimento do divórcio completo (os juristas têm um nome latino para isto) e sumário, mesmo que um dos cônjuges alegasse amor por terceiro ou terceira.

Este artigo que os raros leitores meus chamaram de maximalista, justificava todas essas quatro medidas radicais e indicava ligeiramente outras. Não quis, porém, tratar do problema agrário nacional que é um dos mais prementes.

No número passado desta revista, contudo, dando notícia de um opúsculo de Monteiro Lobato, eu disse o que pensava a tal respeito. O folheto do autor de "Urupês" tratava do saneamento das zonas sertanejas e rurais do Brasil, nestas últimas, já agora, devemos incluir também os subúrbios e freguesias roceiras do Município do Rio de Janeiro (custa-me muito escrever – Distrito Federal). Quando se agitou essa questão aqui, não julguei que os seus propugnadores exagerassem. Achei somente que eles encaravam o problema no ponto de vista estreitamente médico; e não pesavam bem as outras faces da questão, parecendo-me então que queriam estabelecer a ditadura dos doutores em medicina.

A solução do saneamento do interior do Brasil, no meu fraco entender, joga com muitos outros dados. Há a parte de engenharia: dessecamento de pântanos, regularização de cursos d'água, etc.; há a parte social, no fazer desaparecer a fazenda, o latifúndio, dividi-lo e dar a propriedade dos retalhos aos que efetivamente cultivam a terra; há a parte econômica, consistindo em baratear a vida, os preços do vestuário, etc., coisa que pede um combate decisivo ao nosso capitalismo industrial e mercantil que enriquece doidamente, empobrecendo quase todos; há a de instrução e muitos outros que agora não me ocorrem.

Em resumo, porém, se pode dizer que todo o mal está no capitalismo, na insensibilidade moral da burguesia, na sua ganância sem freio de espécie alguma, que só vê na vida dinheiro, dinheiro, morra quem morrer, sofra quem sofrer.

O caso típico desse malsão estado de espírito com que o enriquecimento de São Paulo infeccionou todo o Brasil de ganância e avidez crematística, está nesse caso recente das louças baratas, da "louça do pobre", cujos impostos de entrada, de um segundo para outro segundo, a fim de enriquecer um fabricante paulista, foram, na lei do orçamento, aumentados cinco vezes mais.

O deputado Nicanor do Nascimento, que está muito mais do que eu, habituado a lidar com essas questões de pauta, tarifas, imposto, etc., mostrou, em um curioso artigo, no número passado desta revista, como esse protecionismo nos empobrece, como nação, e não favorece o fisco de forma alguma. O que ele não disse, é como essa monopolização de salteadores, por intermédio das taxas alfandegárias, faz miseráveis os pobres e os médios; mas, depreende-se perfeitamente do seu trabalho. Desejava muito que ele viesse também a tratar da isenção de direitos... Hei de ver…

O escândalo das louças, dizia, teve a vantagem de mostrar ao público os baixos das manobras de que se servem esses espertalhões para enriquecerem nababescamente. O caminho sorrateiro, para arranjar a emenda, ficou claro e todos os que a guiaram pela estrada escura da "cavação" parlamentar, ignóbil, sórdida e sem estranhas, ficando desmascarados, tiveram que se denunciar, denunciando os outros guias que a levaram até o Senado de República. É esse o "trabalho" com que eles blasonam ter adquirido fortuna honradamente!... Que honra, Deus do céu!

Com tais casos à vista, cabe bem aos homens de coração desejar e apelar para uma convulsão violenta que destrone e dissolva de vez essa *societas sceleris* de políticos, comerciantes, industriais, prostitutas, jornalistas *ad hoc*, que nos saqueiam, nos esfaimam, emboscados atrás das leis republicanas. É preciso, pois não há outro meio de exterminá-la.

Se a convulsão não trouxer ao mundo o reino da felicidade, pelo menos substituirá a camada podre, ruim, má, exploradora, sem ideal, sem gosto, perversa, sem inteligência, inimiga do saber, desleal, vesga que nos governa, por outra, até agora recalcada, que virá com outras ideias, com outra visão da vida, com outros sentimentos para como os homens, expulsando esses Shylocks que estão aí, com os seus bancos, casas de penhores e umas trapalhadas financeiras, para engazopar o povo. A vida do homem e o progresso da humanidade pedem mais do que dinheiro, caixas-fortes atestadas de moedas, casacões imbecis com lambrequins vulgares. Pedem sonho, pedem arte, pedem cultura, pedem caridade, piedade, pedem amor, pedem felicidade; e esta, a não ser que se seja um burguês burro e intoxicado de ganância, ninguém pode ter, quando se vê cercado da fome, da dor, da moléstia, da miséria de quase toda uma grande população.

Os tolos a que aludi, no começo destas linhas, dizem que repelem o maximalismo, porquanto não podem admitir que, amanhã, o seu criado lhes venha dar ordens. A razão é supimpa de gentil sociólogo fabricante de almofadinhas, em Petrópolis ou no reino dos céus.

Será preciso lembrar-lhes, Santo Deus!, que um dos aspectos que mais impressionam os pensadores estudiosos da Revolução Francesa, é ver de que forma, tendo ela acabado ou expulsado a grande nobreza hereditária, a de espada, quase esgotada de energia, e mesmo a de beca, deu ocasião para surgir das mais humildes camadas da sociedade francesa, forças individuais portentosas e capacidades sem par de toda a ordem? Será preciso?... Mas repito: *"Non ragioniam di lor, ma guarda e passa"*...

Livro *Bagatelas,* 1.3.1919

## Extrato de *Sobre o Nosso Teatro*

A mania do brasileiro é ser chefe, seja de que forma for. Se não pode ser do Rio inteiro, contenta-se em sê-lo do beco dos Boiotos, mas é chefe! Nas letras, o nosso tipo de chefe é o senhor Ruy Barbosa, que já repudiou a literatura por ocasião do seu jubileu, mas, assim mesmo continua a ser o seu tipo. O aspirante a chefe literário, atualmente, é o senhor Coelho Neto, que, impondo-se a obrigação de preencher todas as exigências do modelo barbosiano, quis se fazer político. Foi deputado durante nove anos, fez dois discursos de congratulações a Portugal, com "paredros, zimbram", etc., fracassou e voltou-se para o "football". Com essa muleta esportiva, é bem possível que o autor do *Álbum de Calibã* venha a assumir o governo absoluto das nossas letras, tanto mais que, como o *Correio da Manhã*, de 11 do corrente, diz, comentando a sua missão "patriótica e desinteressada" a São Paulo, não há ainda maximalismo, no sport brasileiro. Porque só admitindo que o vírus desse mal do inferno e da morte se entranhasse no organismo esportivo nacional é que se poderia conceber tamanho dislate, tamanho crime.

Com uma tão simplista filosofia social, muito própria do burguesismo *parvenu* do senhor Netto, é bem possível que ele mereça, com ajuda do "football", o supremo pontificado das nossas letras. Aguardo-o.

Livro *Bagatelas* 12.03.1919

## Citações de *A Missão dos Utopistas*

### Pg. 251

É o que Kropotkine, no seu excepcional livro *L'Entr'aide*, com uma abundância de argumentos, de "exemplos" e "observações", tirados da história e da natureza, demonstra com uma força igual à empregada por Darwin, nas *Origens das Espécies*, para elucidar a tese da luta.

...

São ainda do autor (Darwin) citado as palavras que se seguem: "As partes componentes de um ser vivo ajudam-se umas às outras. Assim, em todas as relações dos entes animados, a luta pela existência tende a tornar-se a luta pela coexistência".

Livro *Bagatelas*, 06.07.1919

## Negócio de Maximalismo

O que não se pode compreender é esse horror por tudo que é ideia nova.

Noutro dia, eu disse a um camarada meu que se devia extinguir a dívida pública.

- Mas, como? Exclamou ele.

Eu lhe disse que nós já havíamos pago essa dívida e que não havia motivo para continuarmos a pagar.

Ele não se convenceu e, então, eu perguntei com argumento *ad homine*:

- Você, quantas apólices tem?

- Eu! Nenhuma!

Assim são todos eles. Nada há que os obrigue; mas todos eles, devido às superstições ancestrais, se julgam obrigados a ser solidários com estados sociais que não os conhecem.

Não quero fazer revoltas; não as aconselho e não as quero; mas não devemos dar o nosso assentimento tácito a todas as extorsões que andam por aí.

A troça é a maior arma de que nós podemos dispor e sempre que a pudermos empregar, é bom e é útil.

Nada de violências, nem barbaridades. Troça e simplesmente troça, para que tudo cai pelo ridículo.

O ridículo mata e mata sem sangue.

É o que aconselho a todos os revolucionários de todo o jaez.

J. Carlos, com uma caricatura no *O Jornal*, fez mais do que todo e qualquer revolucionário.

Mandou toda a polícia do Rio para a Rússia. Ela que embarque.

Assim é que todos nós devemos fazer.

Troças, troças, sempre troças...

Livro *Coisas do Reino de Jambon* e revista *Careta,* Rio, 20.09.1919.

## A Tal História da Aniagem

Andam os jornais e a tribuna da Câmara num bate-bocas danado a propósito da diminuição dos impostos sobre as sacas de aniagem importadas.

As primeiras figuras do debate são o senhor doutor Jorge Street e o senhor doutor Veiga Miranda, deputado federal.

O primeiro é dos homens de fortuna que, pela sua inteligência, cultura e largueza de espírito, eu mais admiro.

Não posso negar aqui que já lhe pedi um favor, no começo da minha vida de escritor.

Ele leu meu primeiro livro, isto há mais de dez anos; e quis me ajudar.

Por intermédio do doutor Delamare que, por aqueles tempos dirigia a Fábrica Rink, eu lhe fiz um pedido, que não era de dinheiro; e, embora ele não me pudesse servir, eu lhe sou imensamente grato.

Conquanto atualmente eu me haja declarado inimigo irreconciliável do capitalismo, não posso deixar de demonstrar publicamente o meu agradecimento por tão generosa pessoa que saiu da sua importância e riqueza, para se interessar pela minha pobreza e humildade.

Digo isto aqui ao doutor Jorge Street porquanto pela nossa concepção de riqueza e propriedade, não me julgo muito separado de sua senhoria.

O seu último artigo, justificando a existência de associações operárias ou sindicatos, para tratar e discutir as suas questões com os patrões, mostrou muito bem que o doutor Jorge Street não era um ricaço vulgar.

Ele dizia muito bem que, em face do poder do capital, os operários só podiam lutar associados. Tinha toda a razão plenamente, e só os absolutos Andrades Bezerras, com uma erudição de última hora, extremamente pernóstica, podem contestá-lo. Esse reacionário senhor tem uma grande descoberta; é a sociologia católica. Porque semelhante deputado não descobre uma geometria muslêmica ou uma física budista?

Tudo isto, porém, não vem ao caso. Falava eu do debate entre os senhores Jorge Street e Veiga Miranda; e me alonguei em tratando do primeiro. Seria, entretanto, injustiça não dizer alguma coisa sobre o segundo de quem tenho recebido favores inestimáveis.

O senhor Veiga Miranda é um grande romancista, talvez dos maiores da geração atual. O seu último livro – *Mau Olhado* – é, em todos os sentidos, uma obra notável.

Tive ocasião de dizer isto em longo artigo que, creio, sua senhoria não leu, apesar de lhe ter eu enviado a revista.

Mas o que decorre dos seus livros é que o seu pensamento não passa de atividade mental completamente retrógrada.

Ele ama a fazenda e os fazendeiros e faz de ambos o núcleo da nossa civilização.

Talvez haja nisso um pouco de verdade; mas como é, doutor Veiga Miranda, que sua senhoria se esquece do escravo?

Uma coisa supõe outra e ambas têm de coexistir. Há um grande erro de lógica e de rigor artístico em querer separar as duas coisas ou mesmo ofuscar uma em favor da outra. Já os românticos, Bernardo Guimarães, José de Alencar e outros tinham pressentido isto; e os seus livros estão aí para mostrá-lo.

O seu amor à fazenda e ao fazendeiro leva-o a soltar na Câmara várias catilinárias contra os industriais que fabricam a embalagem, isto é, a sacaria de aniagem para o acondicionamento do café.

O senhor doutor Veiga Miranda, que sempre viveu no interior, deve saber que o que faz a miserável condição do nosso trabalhador rural, não foi a indústria das cidades, foi a indústria da roça. Não há chefe pior do que o fazendeiro, o usineiro de açúcar e o dono de seringal.

Um dono de fábrica de tecidos é, à vista de semelhante gente, muito melhor do que um dono de fazenda de café de São Paulo, que é uma grande peste nacional.

Eles se têm e se arrogam todos os direitos de senhor feudal, até o de primícias.

Não quero citar fatos, mas o senhor doutor Veiga Miranda quis desafiar-me e mencionou o caso que se passou com um irmão de uma grande pessoa que chegou a ser até presidente da república. Foi a tal nobreza rural que desmoralizou a gente rural...

A questão da aniagem é uma das burrices da república que eu odeio. Eles, os legisladores republicanos, criaram o protecionismo imbecilmente ou por desonestidade. Não sabiam com o que jogavam. Agora apelam para os interesses da nobreza rural (ex-Alfredo Ellis e o Zé Bezerra) que tem explorado os negros, os portugueses e italianos, para se enriquecerem.

Os industriais, muito inteligentemente, caíram em cima deles e fizeram pagar as extorsões de tais lavradores que não sabem plantar, a toda uma população que o meu amigo Monteiro Lobato chama de jecas-tatus e fenece por aí.

À semelhante gente que quer criar até a tolice da Ordem dos Advogados, na minha despedida da vida, eu só posso dizer como o meu preto velho que me criou e eu o amei e ele me amou, Manuel de Oliveira: "eles que são brancos, que lá se entendam."

Livro *Vida Urbana A.B.C.*, Rio, 27.9.1919.

## Simples Reparo

O Senhor doutor Sousa Leite, a quem conheço desde muitos anos e cujas qualidades de cavalheirismo e de inteligência sempre apreciei, voltando da Europa e, sendo solicitado a isso, concedeu a um jornal desta capital – *Rio-Jornal* – uma entrevista sobre as suas impressões do momento que atravessam a indústria e o operariado europeu.

Há muito que respingar nas suas palavras e eu me permiti a ousadia de fazer um simples reparo a um ponto de sua entrevista, em que, julgo, o doutor Sousa Leite foi totalmente infeliz.

É opinião do ilustre engenheiro que a abolição quase total... O melhor é transcrever as suas palavras. Ei-las:

"A abolição quase total do ensino religioso nas escolas públicas, afetando mais diretamente as classes menos favorecidas da fortuna, matou ou adormeceu nelas a crença inata e necessária de uma recompensa futura, como compensação e justa paga da pobreza sofrida com voluntária resignação e ânimo forte, e fez irromper violenta e incoercível a aspiração à inteira igualmente de gozo e de fortuna, consequência lógica e fatal do materialismo triunfante."

Se quisesse brincar era caso de dizer que não havia necessidade desse narcótico transcendente da religião e o seu ensino para levar todos os trabalhadores a resignarem-se com a pobreza. Bastava a aguardente, a cachaça, que não exigem fé nem complicações de catecismo, padres, missas, sermões, etc.

Não é ocasião, porém, de brincar, nem o doutor Sousa Leite é merecedor que assim se converse com ele ou contrarie o seu pensamento. Merece, por todos os motivos, que se lhe fale a sério e não lhe quero falar de outro modo.

Há, primeiro que tudo, a notar na sua afirmação, uma pequena impropriedade. Não se trata bem de pobreza, trata-se de miséria, de fome. O geral dos homens suporta, com ou sem religião narcotizadora, a pobreza; mas muito poucos suportarão a miséria, a fome, a nudez, quando têm mulheres e filhos e trabalham mais que os antigos escravos.

Tudo encareceu devido à ganância e outras coisas, sobretudo, porém, à ganância dos ricos ou os que se fizeram ricos, sem que os salários e ordenados subissem, proporcionalmente, sendo insuficientes, no confessar de todos, para o mais medíocre passadio das famílias pobres. Isto é que é a verdade, aqui, na Europa, na Cochinchina, em toda a parte.

Enquanto precisaram de gente para morrer nas trincheiras, os governos e os industriais sabiam onde buscar dinheiro para pagar, alimentar regiamente, vestir, etc., os seus soldados e dar aos operários altos salários. Depois que acharam bom suspender a carnificina, começaram a chorar miséria, embora tudo continuasse caro ou, até, aumentasse de preço.

O essencial, porém, do que afirma o doutor Sousa Leite não está aí; está na tal história do ensino religioso que leva a suportar com resignação a pobreza, ou melhor a miséria.

Admira-me que o doutor Sousa Leite, que não é padre, frade, irmã de caridade ou interessado por política no prestígio da religião (deve ser a católica) diga isto, porquanto tudo está indicando e a mais superficial observação revela que nada se pode esperar, para a final harmonia da humanidade, do vesgo e malvado ensino religioso do catolicismo. No momento de escrever estas linhas, acabo de ler no interessante *O Jornal*, desta cidade, um artigo do doutor Gastão Stockler, intitulado "Meninas de cor". O doutor Sousa Leite pode lê-lo e o deve, para ver como tal ensino tende a minorar as causas de atritos, de conflitos, de ódios entre os homens. Leia-o, doutor Sousa Leite.

Continuemos, porém, o que nos interessa neste instante.

Os operários que estão a reclamar dos patrões e dos governos contra as condições de vida que lhes são impostas, forma até agora de uma cordura e de uma longanimidade de santos do *Flos Sanctorum*.

Enquanto isto o que faziam os dirigentes? Enriqueciam nababescamente, acumulavam fortunas infinitas, de um modo feroz, de verdadeiros salteadores, sem dó nem piedade dos seus trabalhadores a morrer nos fundos das minas ou a suar sangue nas bocas dos fornos e fornalhas.

Todos eles, nestes cinco anos de desgraças para a humanidade, fazendo paganescamente escachoar das mãos os milhões de suas burras, pareciam, pelo seu contentamento e pelo luxo ostentado pelas suas mulheres, filhas e amantes, sentir um indescritível prazer sádico em saber que aquela riqueza a escorrer-lhes pelas manoplas abaixo era fruto de morte, do estropiamento, da loucura, da miséria de milhares e milhares de homens, mulheres e crianças.

Parece que é São Paulo que diz que todos os males vêm da cupidez. Quando vimos patrões, negociantes, argentários mais cúpidos do que atualmente?

Entre nós, não vimos todos um industrial riquíssimo pleitear um aumento exorbitante dos impostos aduaneiros sobre a chamada louça dos pobres para o fim único de afastar a concorrência estrangeira e aumentar a renda de duas vagabundas fabricazinhas suas, a fim certamente de ficar ele ainda mais rico?

Esse industrial, como toda a gente sabe, e como ele muitos outros de igual jaez, é conde do Papa. É de presumir, portanto, que ninguém mais do que ele, dignitário do Vaticano, conde (companheiro, segundo a etimologia) do Santo Padre de Roma, estivesse saturado do ensino religioso e fosse capaz, não direi de resignar-se à pobreza, mas a lucros razoáveis e justos.

Entretanto, assim não é. O senhor conde papalino não se contenta em ganhar, livre de despesas, em um só ano, algumas dezenas de mil contos; quer mais, à custa do empobrecimento de quase toda a população do país.

Os efeitos sedativos do ensino de Igreja sobre a ambição humana deviam se verificar na alma dos chefes, dos guias, dos patrões e dos empresários; quase todos católicos de quatro costados; o que se vê, porém, não é isso.

O governo da nossa república está de fato entregue aos padres graúdos, porque estes governam as nefastas irmãs de caridade, que, por sua vez, dominam as suas antigas discípulas e, por fim, estas últimas, os seus maridos que são os ministros, os presidentes, os deputados, os juízes de alto coturno, etc. Como é, então, que não se vê resignação à pobreza neles? Dom Pedro II, que tinha por avós não sei quantos reis e imperadores, tinha três ridículas casas, no Rio de Janeiro, que eram da coroa ou da nação; e uma em Petrópolis, que era dele. Um nosso presidente qualquer, bacharel qualquer e filho de um coronel qualquer, tem quatro ou mais palácios suntuosos, recebe de vencimentos anualmente quase tanto quanto a antiga dotação imperial; o Estado paga a sua famulagem, enquanto a dele, o imperador pagava, e, por muito favor, custeia unicamente o seu feijão com carne seca, prato de luxo que ele não dispensa, porque é hoje iguaria de potestade.

Para que ele quer tanto dinheiro? Para que ele quer tantos palácios? Nasceu, por acaso, nessas coisas como um príncipe de fato? Não. Está ou não pecando muitas vezes?

Porque, então, a Igreja com os seus poderes explícitos e implícitos não lhe prega o resignar-se com a mediania do seu nascimento, não o tira do luxo, da ostentação, que no meio da miséria geral, é uma ofensa e um desafio? Porque?

O Senhor doutor Sousa Leite me obriga o tirar uma conclusão que eu não queria tirar. Na sua opinião a religião só deve atuar como moderadora de ambições para o prazer, nos que são pobres, por isso e aquilo, quanto aos outros que nasceram ricos ou se fizeram ricos podem tê-las sem nenhum limite e freio. Singular doutrina!

O materialismo, afinal, meu caro doutor Sousa Leite, não está triunfante unicamente nas massas operárias; ele está, apesar dos títulos, veneras, santinhos, breves, bençãos, etc., também triunfante na massa dos grandes burgueses ricos ou com poder material, gente que a Igreja abençoa, enobrece e até sagra.

A diferença é o que deste se encaminha para o supérfluo, para o que é demais; e o dos outros, o dos operários, pede o indispensável à sua manutenção, ao que é imprescindível à simples existência de um homem: vestir-se, calçar-se, alimentar-se e morar.

Para mim, julgo que estes últimos têm toda a razão; e creio que, no fim de contas, o doutor Sousa Leite deve ser também da minha opinião, porquanto é católico e a igreja católica condena o suicídio, mesmo quando é à fome.

Livro *Feiras e Mafúas A.B.C.*, Rio, 21.02.1920.

## Memórias de Guerra

Dois jornais diários desta cidade estão publicando memórias, reminiscências, recordações ou que outro nome tenham de generais alemães, que tomaram parte ativa nessa grande e estúpida guerra última.

É pena que os seus colegas franceses não se hajam lembrado de fazer o mesmo, também os ingleses, os italianos, os sérvios, os russos e, sobretudo, os fátuos americanos.

Seria bom que tal se desse para comparar não só os fatos, narrados por uns e outros, mas as mentalidades também dos executores desse inútil massacre de 1914, que talvez já tenha acabado ou esteja em vias disso.

Não tenho seguido com a religiosidade de leitor de romance folhetim, dia a dia, nem a leitura das *Reminiscências* de Ludendorff, no *Correio da Manhã*, nem as *Memórias* de Hindenburg, n'*O País*. Limito-me a lê-las, quer umas, quer outras, conforme o acaso mas faz chegar ao alcance dos olhos.

As *Memórias* de Hindenburg são de uma ingenuidade, de uma candura próprias de criança, mas que ficam bem nesse velho cabeçudo, estreito, limitado, mais chefe de horda do que general, que se julga imortalizado na história como um dos "grandes capitães" da Humanidade.

Ele não percebe bem que as suas vitórias ou coisas parecidas, nada tem dele, da centelha pessoal, da inteligência, do seu descortino, das combinações originais de sua imaginação topográfica. São vitorias de "secretaria", de estado-maior, quase demonstrações de aula, vitórias de "manobras" com assistência das altas autoridades do país e dos adidos militares das nações amigas.

A guerra atual, feita à alemã, por imposição dos fatos, veio mostrar a sua alta capacidade de selecionar mediocridades.

A meticulosidade dos regulamentos, a pretensão de tudo prover e prever (*vide* Von Kluck, vitória do Marne), o esforço da calcular de antemão todos os prós e contras, uma outra porção de receitinhas que tinham de ser levadas para o campo de batalha, cercearam o poder e o alcance da imaginação guerreira, dando a primeira plana aos sabichões dos regulamentos e outros dispositivos semelhantes, colocando em lugares secundários os homens de iniciativa e aqueles cuja intelectualidade não se pode sujeitar à tiraniazinha dos regulamentos, as mais das vezes inúteis e trapalhões.

Toda a gente que lidou com qualquer espécie de administração, se não nos altos postos, mas simplesmente em lugares convenientes de altas situações, sabe bem que pendor extraordinário para essa sabença de regulamentos tem os homens medíocres e as mulheres.

A primeira coisa que faz um amanuense de vocação é aprender todas as disposições do regulamento de sua secretaria, das demais repartições, não só os regulamentos, mas também os avisos explicativos e outros atos referentes.

A sua inteligència, sentindo-se por si mesmo fraca, não quer ser de surpresa colhida no estudo ou na informação de um caso que, de antemão, não tenha para resolve-lo três linhazinhas impressas, promulgadas, publicadas, adotadas pelas autoridades competentes.

Não se fia a sua inteligência nela mesma; quer o apoio de outras que, valendo tanto ou menos que a dele, tem, entretanto, o prestigio sobre humano do Estado.

É dessa natureza intelectual que me parece ser o famoso general Ludendorff.

É ler-lhe um trecho ao acaso de seu *Reminiscências*, para se sentir logo o burocrata guerreiro, exato, meticuloso, sabendo bem todos os regulamentos, o de ligação, o de retaguarda, o de vanguarda, não esquecendo sequer nenhuma das abreviaturas consagradas e estabelecidas. Vejam só este pedacinho, como denuncia bem essa singular mentalidade de guerreiro moderno, metade amanuense, metade chefe de horda bárbara do século V da nossa era.

Ei-lo: "a ordem de batalha era a seguinte: XI C. E., imediatamente ao nordeste de Cracóvia; corpo de Reserva da guarda, X C.E., XVII C.E., 35 D.R., entre Kaptowitz e Kareuzburg; 8º D. Ca., D. Lwd. Conde von Bredow, entre Kempen Kalisch."

O engraçado é que, com toda essa meticulosidade burocrática, procurando tudo prover e prever, empregando automóvel, aeroplano, telefone e telégrafo, as suas batalhas, se não começam por uma grande confusão, um *entrevero*, como dizem os nossos vizinhos, acabam nisso.

A tal famosa vitória dos lagos masurianos, no dizer dele mesmo, terminou numa baralhada de todos os diabos.

Magotes, batalhões de russos misturados com batalhões e magotes de alemães. Se houvesse mesmo ódio entre uns e outros, se a guerra não fosse uma coisa político-capitalista, a coisa tinha desandado em um tumulto de rua, em uma *bagarre* a que deviam atender, para restabelecer a ordem, simples agentes de polícia e guardas-civis armados de São Benedito.

Está aí em que dá a famosa preparação para a guerra que os doutores militares tanto preconizam e nós estamos fazendo com os indispensáveis discursos e chás dançantes.

É ainda de Ludendorff a informação de que, quando o exército alemão perseguia o russo, de Rennekamp, em retirada da Prússia Oriental, várias seções daquele se fuzilaram mutuamente.

Entretanto, Ludendorff não cessa de elogiar a perfeição da máquina de guerra alemã.

Essas memórias quando não são ingênuas de fatuidade, como as de Hindernburg, são simples relatórios de manobras.

Nada os seus autores alcançam, além da guerra que lhes parece um fato político e social, isolado dos demais fatos políticos e sociais. Eles não têm uma visão geral dos acontecimentos, sentimento qualquer do tempo e do drama de que são grandes e principais atores. A maior preocupação deles é mostrar que seguiram bem e perfeitamente as lições das infinitas escolas militares por que passaram; que não saíram fora das regras escolásticas e sempre obedeceram aos regulamentos do estado-maior prussiano. No fundo, matando milhões de homens e estropiando outros milhões, o que estes velhos sargentos procuravam alcançar com a guerra era passar com distinção no exame.

A não ser o macróbio Hindenburg, que tal demonstra aqui e ali, nem mesmo a glória os move, nem a glória nem o saque, como os seus padrinhos romanos e bárbaros; eles querem demonstrar que aprenderam a lição dos catedráticos de tática, de estratégia, etc., etc. das suas grandes escolas militares.

Lamentei, no começo destas linhas, a falta de memórias equivalentes de generais de outras nacionalidades. Queria ver se elas também denunciavam esse singular espírito guerreiro de nossa época que, fabricado com escolas, exames, *brevets*, regulamentos, etc., toma uma feição burocrática, e, por ter ao mesmo tempo que comandar grandes massas, se mescla de um certo aspecto de chefia bárbara que fica muito bem nos alemães.

Em todo o caso, o exemplo de Joffre é elucidativo de que, tanto cá como lá, o que imperou foi o acaso, a serviço de mediocridades; a vitória coube às forças obscuras da sociedade e da natureza que, desencadeadas, nenhum homem soube captar em seu próprio proveito ou dos homens de sua e das futuras gerações.

Todos tateiam nas trevas e apalpam os regulamentos com medo de se perderem neles.

Houve um único que se lançou ousadamente pelo "Mar Tenebroso" em fora; e este foi Lenine. É este o grande homem do tempo, que preside, com toda a audácia, uma grande transformação social da época, quanto Joffre, o êmulo de Alexandre, César e Napoleão, vai presidir partidas de *football*...

Livro *Feiras e Mafúas* 17.04.1920

## Extrato de *Limites e Protocolo*

### Pg.149

Temo muito transformar esta minha colaboração no *A.B.C.*, em crônica literária; mas recebo tantas obras e a minha vida é de tal irregularidade, a ponto de atingir as minhas próprias algibeiras, que, na impossibilidade de acusar logo o recebimento das obras, me vejo na contingencia de fazê-lo por este modo, a fim de não parecer inteiramente grosseiro.

Está neste caso o trabalho do senhor Orris Soares, a quem aqui muito conheci, mas que me chega da atualmente benfazeja Paraíba. Chama-se *Rogério* e é um drama em três atos.

O senhor Soares é autor de mais quatro outras peças, das quais três consideráveis, sendo que uma destas – *A Cisma* – foi aqui muito elogiada, quando publicada, porque o dramaturgo não tem tido a felicidade de obter a representação das suas produções teatrais. E é pena, porquanto, pela leitura – estou julgando por esta do *Rogério* – elas deviam ser merecedoras dessa experiência.

Na atual o autor intenta o estudo do drama íntimo que se deve passar no peito de um revolucionário, generoso e sincero, originado pelo choque e luta entre a violência e a brandura, com os respectivos cortejos de sentimentos derivados.

Ele, o autor, simbolizava uma em Débora – espécie de Thervigne –, a outra, em Malvina.

Admirei muito a peça, o estudo dos personagens, da protagonista, embora me parecesse ela não possuir uma certa fluidez. Isto nada quer dizer, porque é qualidade que se adquire. As que não se adquirem são as que ele tem: poder de imaginar, de criar situações e combiná-las.

A cena final da loucura do terrível revolucionário – Rogério –, julgando-se rei e coroando-se com uma caixa de papelão, é maravilhosa e intensa.

É uma peça revolucionária, inspirada nos acontecimentos da atual revolução russa – o que se denuncia por alusões veladas e claras no decorrer dela.

O autor não esconde a sua antipatia pelos revolucionários não só russos, como os de todo o jaez. Isto ele o faz com o pensamento geral da peça, como também nos detalhes, principalmente no cerimonial, nas atitudes governamentais e imperiais que eles tomam quando assumem o mando.

Não é só com os de hoje que tal se dá, mas com os de sempre. Esses homens podem ser para nós ridículos, mas o motivo é porque os julgamos fora do seu tempo ou longe dele.

Quando nos transportamos à efervescência das ideias do meio que os criou, eles não se parecem assim. São talvez plantas de estufa, mas são plantas imponentes e grandiosas, mesmo aquecidas artificialmente.

Eu não aconselharia a Orris Soares a leitura das *Origines* de Taine nem o recentíssimo *Les Dieux ont soif*, para sentir como me julgo com razão e para encontrar o motivo por que, depois de passada a borrasca, eles nos aparecem medíocres.

E assim é sempre quando se trata de grandes movimentos de sentimentos e de ideias que apaixonam as multidões. Compreendo muito mal as "Cruzadas" e seus barões e ainda menos as guerras de religiões de luteranos, católicos, calvinistas etc.

Quanto ao cerimonial e ao protocolo de que se fazem cercar os recém-chegados ao poder, os há de muitas espécies, e os mais grotescos.

Não tenho à mão nenhum exemplar de livro que me informe dos que os reis do Haiti se fizessem cercar; mas dois casos curiosos conheço fora dos revolucionários.

Um é o do ditador do Paraguai, Carlos Antonio López, que, para inaugurar um teatro feito por ele e construído por um literato espanhol, se apresentou na sala de espetáculo, no dia da inauguração, disforme de gordura, mamútico. A cabeça completamente unida ao rosto prosseguia numa imensa papada, sem linhas nem contornos e como que tinha a forma de uma pera. Cobria-a colossal chapéu de palha, com quase um metro de alto, verdadeiramente carnavalesco na sua feição de quiosque.

Que conta isto é um escritor argentino, Heitor Varela, que esteve em Assunção, no tempo; e a citação eu a tiro de artigos que o ilustrado senhor Afonso de Taunay publicou, com o título "Álbum de Elisa Lynch", na *Revista do Brasil*.

Há, porém, outros, os de certos magnatas sul-americano vaidosos que se fazem escoltar por navios de guerra quando dão passeios pelos lagos azuis e plácidos do país.

Portanto, ainda se pode repetir: cá e lá más fadas há.

Livro *Impressões de Leitura A.B.C.*, Rio, 2.5.1920.

## D'Annunzio e Lenine

Parece que afinal acabou a aventura do Senhor Gabriel D'Annunzio, em Fiume. Desta guerra em que se misturaram, por fim, tantas cousas trágicas com tantas burlescas, nada mais curioso do que as atitudes de grande espetáculo que o Senhor Gabriel Rapagnetta tomou ultimamente.

Para este literato, no mau sentido da palavra, a vida humana não passa de brinquedo. Lidos uns papeis bolorentos de vetustos arquivos, consultados alguns cronistas de estilo amplificado, cheios de frases épicas para alguns piratas ducais, o dever do poeta é retomar as façanhas destes, sofra quem sofrer. Mau sociólogo, ainda pior homem e político, o Senhor Gabriel meteu-se nos cascos de fazer-se Sforza, Gattamelata, enfim, um *condottiere* qualquer do século XIV ou XV, nos nossos dias e voando em aeroplano.

Não se diga que o candidato a tão belo destino não percebia a diferença extrema daqueles dias com os de hoje.

Ele a sentia mais ou menos; unicamente, porém, na sua pessoa, no seu fisicozinho, nos seus ossos e no seu sangue, é que estuava o ardor guerreiro daquela gente de sua admiração.

Não só ele tinha a lama dela, como lhe sabia bem a arte de guerrear que afinal veio a consistir em uma única manobra, tendo por fim único apanhar as bagagens do outro.

Ele, D'Annunzio, era herdeiro do gênio guerreiro desses chefes de bandos que serviam, indiferentemente, a este ou aquele duque; e, por virtude de herança, podia transmitir aos seus compatriotas atuais esse ideal de vida e de ação que nos parece a todos nós, misérrimos "escravos" do século XX, muito digno de uma grande casa de ópera lírica.

Essas reivindicações maximalistas, baseadas em fatos do passado, proclamadas debaixo da responsabilidade de certos nomes autorizados, fazem descrer do bom senso da humanidade em geral.

D'Annunzio foi ao monturo dos séculos mortos e de lá trouxe, umas lembranças da Sereníssima República de Veneza, documentos para reivindicar Fiume; mas os alemães, os germanos em geral, além de outros quinhões de terra, podiam também reivindicar a Lombardia, onde povos afins aos teutônicos atuais tiveram um reino que durou dois séculos.

Os alemães eram exímios em mostrar que toda a Europa ocidental era germana, portanto, alemã. E não ficavam só nos territórios ocupados pelos bárbaros de século V; iam além, iam aos indivíduos. Dante, que toda a gente diz ser italiano, para eles, isto é para os sábios teutônicos, era alemão; Pascal, que o Larousse pequeno afirma ter nascido em Clermont, na França, a sabedoria do norte do Reno jurava ser alemão. Por sua vez, os sábios franceses contestam a pureza de sangue dos prussianos e fazem-nos eslavoides, até mongoloides, descendentes dos restos das hordas de Átila.

Essa sabedoria contemporânea de origens de povos está tomando o jeito fantástico das genealogias antigas que os faziam descender, por fas e por nefas, de deuses do Olimpo.

Há tanto de arbitrário, de fantasia, de *parti-pris* nacional, que as ingênuas genealogias dos antigos não ficam em nada inferiores às sábias explicações modernas de origens das nacionalidades.

No caso especial do Senhor D'Annunzio parece que o trabalho de arqueologia veneziana não lhe foi de grande proveito.

Durante o ano e meio que esteve aprendendo o ofício de tirano medieval, no seu futuro ducado ou principado de Fiume, aprendeu-o em vão com fartas experiências de prisões arbitrárias, enchendo os cárceres a mais não poder.

Não contente com isso, as ameaças eram formidáveis contra os que não viam com bons olhos o estabelecimento de sua tirania *sui generis*.

Isto foi dito na imprensa italiana e no próprio parlamento. A sua vida era cercada de uma magnificência e de um esplendor de César-Rei. Colaboravam nela os autores antigos e os cronistas medievais; e só não tiveram, intromissão na indumentária do príncipe quem antevê o uniforme militar dos nossos dias e o horroroso veston contemporâneo, cheio de tiras e falsas aberturas.

Pouco seguro de que as suas escavações históricas pudessem sustentar o ânimo belicoso dos seus súditos, o Senhor Gabriel lembrou-se que era poeta e notável e também, como príncipe perfeito, devia encher-se de solicitude pela vida e felicidade do seu povo.

Como Harum Al-Raxid, das *Mil e Uma Noites*, acompanhado ou não, de um fiel Giafar, tudo via e tudo inspecionava o eminente coronel aviador.

Um jornal desta cidade, transcrevendo trechos de uma revista francesa, conta esta passagem piedosa do interesse que tinha o "regente" pela sorte de sua gente. Ei-la: "O Comandante D'Annunzio não teme aparecer nos lugares de vida airada de Fiume. Em uma sala do 'comando' duas amantes do mestre vêm às vias de fato e, segundo as declarações do Senhor Salvemini, no parlamento italiano, elas rolam por terra, com grandes gritos, arrancando-se simultaneamente os cabelos."

Harum Al-Raxid, apesar das muitas guerras em que andou metido, era um príncipe pacífico. O "comandante", porém, não o é. A guerra é a sua principal preocupação; é a sua obsessão. Vejam este trecho que extraio do jornal já citado:

"Em 9 e 12 de julho, os seus soldados fazem exercício no monte de Preslof e estas simples manobras são celebradas como brilhantes vitórias. Os jornais amigos de D'Annunzio os narram em três colunas. 'Toda artilharia, escreve o *Popolo d'Italia*, fez prodígios'. D'Annunzio, cercado de seus oficiais, observa a manobra. Duas mocinhas, que não se amedrontam do canhão, se aproximam do ditador e lhes apresentam um álbum: D'Annunzio escreve: 'Para Ida Pagani, pequeninha italiana encontrada em pleno fogo do canhão. Alalá'!"

E é assim que o grego-siciliano-romano-medieval suscita o entusiasmo nas suas tropas; e a comemoração de suas façanhas é proclamada de forma singular.

Ele diz, exaltando a glória desta manobra:

"Assim, por um esplendido jogo de armas, foi celebrado o décimo mês depois da marcha de Ronchi e depois da libertação de Fiume. O inimigo estava ausente."

O inimigo, porém, não estava sempre ausente. Os homens de bom senso da Itália viram bem, dessa barcarola de palavreado bonito e pólvora seca, podia originar-se, não só uma guerra internacional, mas – o que era pior – uma guerra civil, e, muito acertadamente, resolveram acabar com tais "jogos florais".

Ao que parece, todos os habitantes da cidade já estavam cansados desse lirismo encarcerador e receberam as tropas regulares italianas com as maiores demonstrações de regozijo.

Um vespertino desta cidade que sempre timbrou em encarecer o belo gesto do célebre coronel do ar, não teve dúvidas em publicar, a 3 do corrente, o seguinte telegrama, que transcrevo na íntegra:

"Trieste, 3 (*Rio-Jornal*) – A entrada das tropas legais italianas, ontem, em Fiume, deu ocasião a uma grande manifestação da população daquela cidade ao exército italiano.

"Pela primeira vez, depois de dezesseis meses, os fiumenses puderam manifestar francamente os seus sentimentos sem receio de repressão.

"Numerosas notabilidades declaram aos oficiais italianos que o jugo de D'Annunzio era insuportável. Nunca porém, tentaram reagir, porque o poeta tinha ameaçado sufocar em sangue qualquer manifestação contrária aos seus fins."

Era de esperar que tal acontecesse. Não há na atitude que o Senhor D'Annunzio tomou, nesse caso de Fiume, nada de grande, de fundamentalmente humano, de alicerçado nas ideias e concepções do tempo. É um gesto de letrado exacerbado por intensa e doentia vaidade pessoal, para quem a vida dos homens vale pouco e é simples matéria de fabricar a beleza – uma espécie de sanguinário Deus mexicano que só é conhecido de certos eleitos como ele.

Nós, os vulgares homens de hoje, não podemos crer nesses Moloques embelezados por um sonoro palavreado, por mais lindo que seja.

O nosso anelo é outro: queremos paz e anarquia. O Senhor Gabriel D'Annunzio ficou só e não achou quem quisesse morrer por ele; entretanto, Lenine e Trotski repeliram nos quatros pontos cardeais os inimigos do seu regime político.

É de meditar...

Livro *Feiras e Mafúas A.B.C.*, Rio, 8.1.1921

## A Greve da Cantareira

Nesse negócio de greve dos marinheiros da Cantareira, toda a gente viu anarquismo, sindicalismo anárquico e outras coisas apavorantes para a Sociedade, para o Estado, etc., etc.

Pode ser que tal explicação seja cabível para outra qualquer parede que se dê por aí; mas para tal companhia de tartarugas, vulgo barcas de Niterói, não.

Os habitantes de ambas as cidades de um ou outro lado da baia são sabedores do mau estado das almanjarras ronceiras que a atravessam, servindo aos passageiros que as demandam, por absoluta necessidade.

Quando eles fazem tal sacrifício de vida, caso o possam, vão à mais próxima igreja e encomendam a sua alma a Deus.

Houve mesmo "diários" delas que se quiseram cotizar, a fim de manterem capelões nas respectivas pontes daqui e de Niterói, a fim de prestarem os serviços divinos de quem marcha certo para a morte. Este alvitre não pode ser posto em prática, porque a diretoria da companhia viu em tenção tão piedosa um atentado aos seus soberanos direitos de mandar, desta para a melhor, os pobres mortais que se veem obrigados a embarcar nos seus carunchosos calhambeques, que não oferecem a simples segurança da mais humilde canoa de pesca. As tais barcas fazem água por todos os poros; elas adernam por dá cá aquela palha; elas levam uma eternidade daqui para lá e de lá para aqui – e isto com muito orgulho e prosápia. Andam assim como se fossem altaneiros couraçados ou velozes cruzadores.

Não há embarcação miúda ou graúda, civil ou militar, que lhes leve as lampas em grandeza e galhardia de coisa importante que desafia os caprichos do mar.

Certa vez, um desses calhambeques, cheio de orgulho e empáfia como os demais, teve o topete de sair barra fora, como se fosse gente.

O oceano foi com ele generoso. Desprezou a sua arrogância, não o tragou, mas troçou-o a valer. Fê-lo andar à matroca, levantou-o no seu dorso como um pedaço de palha; enfim, debochou-o como quis.

Afinal, cansado, depois de tê-lo feito embiocar em toda enseada e angra, saiu delas para meter-lhe susto com um encalhe, numa praia de ilha deserta, atirou com ele com Santos.

São tais os perigos que correm os que navegam em tais barcas, como se está vendo, que os respectivos marinheiros resolveram muito precavidamente abandoná-las por prudência.

Foi este e não outro o motivo da última greve nas barcas da Cantareira.

Livro *Coisas do Reino de Jambon* e revista *Careta*, Rio, 19.2.1921

## Extrato de *Lourenço, O Magnífico*

Uma tarde, em que ele chegara ao seu apartamento, antes de "madama", esta veio encontrá-lo, ao chegar ela da rua, sentado a ler os jornais vespertinos. Falou-lhe "madama" com o seu português bordelengo em que ela queria, na ocasião, por muita meiguice:

- Sabes, Lourenço, de uma coisa?

- Que é?

- Acabo de vir de uma exposição de tapeçarias. Que coisa lindas! Dizem que foi de uma grande casa russa, cujos membros conseguiram salvar do saque dos sanguinários socialistas que tomaram conta da Rússia. Há até um autêntico gobelino; mas não foi deste que eu gostei. O que gostei mais, foi de um "Hércules e Onfale". Queres comprá-lo?

- Quanto custa?

- Vinte contos.

- Estás doida, filha! Ainda se fosse em outra coisa; mas dar tanto dinheiro, para se por os pés... Nessa não vou eu!...

"Madama" pôs-se de pé e disse com todo desprezo:

- Burro! Selvagem! *Sale singe*! Pois você pensa que é

um tapete qualquer? Ora, bolas! É um verdadeiro quadro que se estende na parede. Aprenda, macaquito!

- Não sabia, acudiu o corretor humildemente, mas, se é assim, amanhã terá você o tapete.

Não só comprou esse, como mais outros; e a "madama" ganhou dezoito contos de comissão.

Livro *Vida e Morte de M.J. Gonzaga de Sá* e revista *Careta*, Rio, 5.3.1921

## Caridades....

A caridade oficial é uma coisa edificante, mas a internacional ainda o é mais. Vejam só o que se passa agora com os famintos da Rússia e os seus patrícios coléricos. Os jornais vêm cheios de telegramas e mais telegramas; mas nenhuma providência prática apontam. Num jornal da semana passada, há uma delas inteiramente platônica.

Num se diz que o Lord Mayor de Londres fez um "apelo, de caráter urgente, dirigido a todas as nações, em favor das populações famintas da Rússia."

Em outro se diz coisa idêntica, mas que o apelo é assinado por Lord Canterbury e outras personalidades da política, da literatura e das ciências.

Uma sumidade americana diz que o problema da fome no antigo império dos czares não se pode resolver enquanto lá vigorar o sistema econômico atual; e assim são mais ou menos as providências que a compaixão das nações está tomando para minorar a fome de milhares de indivíduos.

Julgo tudo isto muito prático, tanto mais que parte de representantes de países que são tidos por eminentemente práticos; mas tal coisa não é de supor os que em

Moscou e adjacências estão com o estômago na espinha.

Ainda falam de Bizâncio e de nós que deixamos tudo para amanhã.

E tudo é assim. Não vemos a Câmara a discutir há quase um mês as medidas de emergência que nos há de salvar da bancarrota que está próxima.

Pois é isto que está acontecendo com os salvadores dos famintos moscovitas: discutem e fazem apelos, em vez de comprarem feijão e carne seca e mandarem para a República dos Sovietes.

Não são só os gramáticos que discutem: também os generosos internacionais fazem o mesmo...

Livro *Marginália e* revista *Careta Rio,* 20.08.1921.

## Extrato de *Fim de Um Sonho*

### Pg. 248

Nunca vira aquilo; embora, por conhecer alguma coisa de arte, detestasse as duvidosas pinturas das paredes, gostava, entretanto, das mulheres que não me pareciam ser tão artificiais assim. Em começo, fazia o meu serviço, bebendo cerveja; por fim, champanha; e afinal, travei conhecimentos com cavalheiros amáveis. Eram todos estrangeiros e chamavam-se: Wassíli Alexandróvich Sóbonoff, engenheiro russo, de grande capacidade em coisas elétricas, emigrado de sua pátria, por causa do "Soviet", e contratado para dirigir uma poderosa usina em Mabocaba, a fim de extrair mecanicamente turfa, que abundava naquela localidade, e beneficiá-la também.

O outro era dinamarquês ou tcheco e só o conheci pelo nome de Peteo. Pretendia servir-se de um pouco da força da usina de Wassíli, para obter matérias corantes dos resíduos da turfa deste; e o terceiro era o Barão de Hermeny, magiar com muitos quarteirões de nobreza, descendente de Santo Estevão e não sei que mais. Corria mundo enquanto não se restabelecia o trono do seu augusto e santo avô, para então retomar os seus cargos e as suas fartas rendas.

Nunca conheci cavalheiros tão amáveis e educados. Sempre corretamente vestidos, enjoiados discretamente, conversavam comigo sobre todos os assuntos com conhecimento profundo de causa. Sabiam todo o movimento político do mundo e as suas previsões eram sempre seguras.

Livro *Vida e Morte de M.J. Gonzaga de Sá* e revista *Careta*, Rio, 21.1.1922

## Uma Surpresa da Exposição

O que, à primeira vista, fere o observador desinteressado neste mês e tanto de "Exposição Internacional", é que esta se vai tornando discursiva, esportiva e congressional.

Não há dia em que não haja a inauguração de um congresso disto ou daquilo; não há dia em que não haja uma partida deste ou daquele jogo, referente a ela, embora não se realize dentro do seu recinto; e não há dia em que não haja uma série de discursos a propósito de um banquete, ou quer que seja motivado pelo grande certame comemorativo do centenário da Independência do Brasil.

A quantidade de discursos causa-me pasmo, porque, em geral, eles são pronunciados por pessoas graves e entendidas em coisas econômicas, comerciais e outras que tais. Contudo não deixo de confessar que a disputa entre os jogadores de football uruguaios e a Conferência Esportiva Nacional provocou-me um certo susto.

Sabem porquê? Porque eu lia as proezas de Mustafá Kemal Paxá e a sua estrondosa vitória sobre os gregos. Os entendidos em coisas internacionais diziam-me:

- Daí pode vir uma nova grande guerra, porque a questão da Trácia....

Ora, disse eu cá comigo, quem sabe se dessa questão dos players uruguaios não é possível gerar-se uma conflagração sul-americana? Entram paraguaios, uruguaios, brasileiros e...

Voltemos, porém, ao assunto, que são os discursos "expositivos".

Em todo o mundo ocidental, como diria um comtista, há um grande amor ao discurso. O velho Demóstenes, o tal grande orador de Atenas, tem o seu nome popularizado em toda a parte; Cícero, também Mirabeau, Castellar, Gambetta e outros são conhecidos até pelos iletrados. Aqui, entre nós, o Rui Barbosa é mais popular como orador do que por outra qualquer coisa. Não se diga que só somos nós latinos, como se diz, que amamos a oratória, Lloyd George, que é inglês, e da gema, não chega em qualquer parte que não deite o seu discursinho de sustância para ser discutido no mundo inteiro.

Mas, esses senhores todos são políticos; e só os políticos turcos, chineses e persas, ao que parece, não deitam o verbo. Se não fazem aqueles a felicidade dos povos; fazem, pelo menos, discursos. Até Lenine não escapa...

Admira, porém, é que senhores sisudos e práticos que aqui aportam, para mostrar os excelentes produtos de suas terras, sigam as pegadas deles. É isto o que está acontecendo na atual "exposição". Inaugurou-se um "pavilhão", lá vai discurso; e assim por diante.

Quem está saindo – os senhores devem ter notado – um orador de truz é o Senhor Carlos Sampaio.

Não há dia em que ele não pronuncie no mínimo, quatro. Seja num "pavilhão", seja num almoço bucólico na Tijuca, Sua Excelência está sempre disposto a falar e fala. É a maior surpresa da "exposição".

Livro *Coisas do Reino de Jambon* e revista *Careta,* Rio, 11.11.1922

# Textos Sobre Lima Barreto

*A Vida de Lima Barreto,*
**Francisco de Assis de Barbosa, 1952**

**Pg. 153**

Entre os seus amigos das rodas literárias e jornalísticas, havia os que defendiam ideias avançadas, ligados direta ou indiretamente às atividades revolucionárias, Pausílipo da Fonseca era um deles. Para o *Correio da Manhã*, fazia reportagem política, ao gosto da burguesia. Organizava, porém, pequenos semanários como o *Novo Rumo*, para propaganda das reivindicações proletárias. O mesmo Pausílipo fundara, por esse tempo, o Partido Operário Independente, do qual Lima Barreto foi feito, "reconhecido e proclamado", pela Comissão Central – "delegado junto aos companheiros do segundo diretório". Mas o Partido Operário não foi adiante. Nem Lima Barreto estaria disposto a tomar parte ativa em qualquer movimento político, conforme deixou bem claro numa carta que dirigiu a Pausílipo da Fonseca, recusando-se ao convite que este lhe fizera para colaborar na imprensa libertária.

"Não te posso servir – dissera, então – por duas razões: primeiro, não tenho hábito, ou antes falta-me capacidade, para diariamente fazer coisas espirituosas. Meu espírito é moroso, trabalha com pachorra e vagar. Segundo, sendo o teu jornal de oposição rubra, e eu empregado público subalterno, não fica bem à minha lealdade que ande armando o ridículo dos grandes personagens, meus superiores. Se não estou contente com eles, devo pedir demissão. Não achas?"

Lima Barreto viveu permanentemente nesse conflito, até a sua aposentadoria como funcionário público, quando se julgou, afinal livre de quaisquer compromissos para com o Estado, de cujo serviço tirava o ganha-pão.

(As credencias, assinadas pelo próprio Pausílipo da Fonseca, datam de novembro de 1906. A carta, ou melhor, o rascunho da carta, de que nos servimos para a citação, não traz nenhuma indicação de data. Ambos os documentos se encontram na Coleção Lima Barreto na Seção de Manuscritos da Biblioteca Nacional.)

**Pg. 229**

Lima Barreto nunca foi, nem seria nunca, um revolucionário militante. Mas é fora de dúvida que sempre alimentou ideias, princípios e sentimentos anarquistas. Era, como se usa dizer, um simpatizante. Ou, conforme a sua própria definição, um esnobe anarquista, voltando contra si o ferrete da ironia com que costumava marcar os defeitos alheios.

Assim se intitulava, pelo menos, por volta de 1913, escrevendo na *Voz do Trabalhador*, órgão de reivindicações proletárias, – e com o pseudônimo de Isaías Caminha, – reflexões como as que se seguem:

"Teimam... os jornais (burgueses) em encontrar, nessa questão da reforma social, uma simples questão de salário. É uma teima que lhes fica bem, mas, é preciso que se lhe diga, não é das mais dignas nem das mais brilhantes. Há, em tal questão, mais uma questão de dignidade humana, do direito que têm todos a encontrar na terra felicidade e satisfação, do que mesmo desejo de um maior ou menor ganho. O que não é justo, é que muito poucos possam encontrar na vida mais que o supérfluo e alguns mais, unicamente o necessário!". E mais adiante: "Os anarquistas falam da humanidade para a humanidade, do gênero humano para o gênero humano, e não em nome de pequenas competências de personalidades políticas; e se há muitos que o são por ignorância ou esnobismo, consoante o dizer do jornalista conservador, mesmo assim merecem simpatias dos desinteressados, porque não usam daquelas ignorâncias nem daqueles esnobismos que dão gordas sinecuras na política e sucessos sentimentais nos salões burgueses".

(*Voz do Trabalhador,* Rio de Janeiro, 15.5.1913)

(Na *Voz do Trabalhador,* órgão da Confederação Operária Brasileira, publicou com o pseudônimo de Isaías Caminha o artigo: "Confissões de um snob anarquista". Mais tarde, em 1918, no jornal esquerdista *Lanterna*, assinaria Dr. Bogoloff, a princípio, retira depois a máscara, assinando-se: Lima Barreto "ex-Dr. Bogoloff")

**Pg. 245**

No ano em que foi deflagrada a Guerra (I Guerra Mundial 1914 a 1918), aparecia no Rio a revista *A Vida*, publicação mensal, redigida pelo engenheiro e jornalista gaúcho Orlando Correia Lopes. A doutrinação é feita na base das obras de Hamon, Eltzbacher, Max Nordau, Faure, Malatesta, Karl Marx, Elisée Reclus e tantos outros. Lima Barreto era assinante de *A Vida*, bem como de *Na Barricada*, panfleto dirigido também por Orlando Correia Lopes e que passou a ser editado em 1915.

O romancista já havia tomado posição contra a guerra, através do *Correio da Noite*, num artiguete em que ataca de rijo o militarismo alemão, chegou mesmo a aderir à Liga pelos Aliados, mas dela se afastou, pouco depois, retificando a sua atitude, para formar ao lado dos anarquistas. Embora sem participar da ação direta, dá ao movimento, que cresce a olhos vistos, o melhor do seu esforço de escritor e jornalista.

...

Em meio aos sofrimentos íntimos, que o atormentavam, num tempo em que o álcool mais de uma vez o levou às fronteiras da loucura, Lima Barreto fez, contudo, a sua pregação revolucionária, com a paixão dos grandes derrotados, a sua voz não disfarçava, nem seria possível disfarçar, os acentos de angústia e desespero.

(*A Vida, publicação mensal anarquista.* Ano I, nº 1, em 30 de novembro de 1914. Teve vida efêmere, como a sua congênere, *Na Barricada*, que se publicou no ano seguinte.)

...

Mesmo doente, Lima Barreto continua a escrever na imprensa amarela, com o desaparecimento de *O Debate*, logo depois da declaração da guerra com a Alemanha, comparece frequentemente nas colunas do *ABC*, de *Brás Cubas*, da *Revista Contemporânea*, panfletos políticos ou revistas literárias, que dão guarida às suas ideias maximalistas. Escreve também nos jornais revolucionários do Rio, de São Paulo e até de Porto Alegre, como *Lanterna*, *O Cosmopolita*, *O Parafuso*, *A Patuleia* e *A Luta*, porém com menos assiduidade.

A Revolução Russa está à vista. Os anarquistas tomam a frente da sua propaganda no Brasil, e ganham novos adeptos, como chamado programa maximalista de Lenine. Citando Ingenieros, assim definiu Lima Barreto o maximalismo: "a inspiração de realizar o máximo de reformas possíveis, dentro de cada sociedade, tendo em conta as suas condições particulares".

Em maio de 1918, em artigo publicado no *ABC*, o escritor lança o seu manifesto maximalista, que termina com o grito de guerra: "Ave Rússia!".

...

O movimento grevista do Rio de Janeiro, em novembro de 1918, que teve quase as mesmas proporções da Greve Geral de São Paulo, em julho de 1917, vai encontrá-lo recolhido ao Hospital Central do Exército. No seu quarto de doente, Lima Barreto escreve para o *ABC*, uma crônica de solidariedade aos grevistas, atacando Aureliano Leal e os jornalistas que defendem a polícia.

...

**Pg. 260**

No Hospital, Lima Barreto não interrompeu a sua atividade jornalística. E continuou a escrever no *ABC*, logo que se livrou do aparelho de gesso. Seria incapaz de ficar em silêncio, diante do que se passava lá fora, além dos muros de sua enfermaria. A 18 de novembro, a União dos Trabalhadores havia declarado a greve geral. Os anarquistas estavam à frente do movimento. A imprensa tomara posição contra os grevistas, e apoiava as violências da polícia, apresentando os mentores da rebelião como malta de estrangeiros sem escrúpulos, exploradores do proletariado brasileiro. Nos artigos de solidariedade aos grevistas, que escreveu no hospital, não usa panos quentes. A linguagem é a mesma de sempre. Direta e vigorosa.

...

Dir-se-ia que estava disposto à ação direta. À agitação das portas das fábricas. À discussão nas assembleias dos sindicatos. E até mesmo aos conciliábulos secretos, em que os maximalistas brasileiros, animados com a vitória da Revolução Russa, traçavam planos mirabolantes para a tomada do poder.

O motim de 18 de novembro fora despachado, com esse objetivo, muito embora se soubesse de antemão que era, senão impossível, muito difícil de alcançá-lo. Entre os chefes do movimento estava Astrojildo Pereira, que dirigia *O Debate*, o panfleto para o qual Lima Barreto escreveu toda uma série de artigos, atacando a plutocracia e os exploradores da guerra, dizendo mesmo que era chegada a hora “do povo” se libertar de uma minoria opressora, ávida e cínica”. E, para isso, só havia um remédio: empregar a violência.

(“Sobre a carestia”, *O Debate*, Rio de Janeiro, 15.9.1918)

Pregava a revolução com coragem, com desassombro. Mas não passaria disso. Sua definição puramente intelectual não se complementaria na atividade propriamente revolucionária, como acontecia por exemplo com um Astrojildo Pereira ou mesmo com um Domingos Ribeiro Filho, seu colega na Secretaria da Guerra, esses, sim, eram da ação direta. Ele, não. Limitar-se-ia a dizer muito claramente o que pensava. E nada mais. Ao artigo, que publicou no *ABC*, logo depois de deixar o Hospital Central do Exército, chamaria "desabafo pessoal".

...

**Pg. 263**

"Durante as cinco ou seis horas que passei no centro da cidade, – diz ele, – tudo o que conversei, tudo o que ouvi, tudo o que percebi nas fisionomias estranhas, foram graves preocupações. Não são já as de dinheiro, não é tanto o maximalismo que amedronta os pobretões, não é também a fórmula Rui-Epitácio (Rui Barbosa e Epitácio Pessoa) o que abala o povo e faz cansar os lindos lábios das mulheres. Meu pensamento vem pejado de questões importantes, algumas para mim unicamente, e outras para os meus descendentes, que não terei."

("Um domingo de Páscoa", *Hoje,* Rio de Janeiro, 1.5.1919. O artigo traz a data de 2.4.1919)

**Pg. 272**

Protesta, ao mesmo tempo, contra a apreensão dos jornais anarquistas de São Paulo: *Spartacus* e *A Plebe*. Acusa os aproveitadores da guerra, que se enriqueceram subitamente à custa da fome do povo, provocando a alta do custo da vida.

(*"O caso da Folha"*, A Patuleia, São Paulo, 14.2.1920)

**Pg. 273**

No entanto, não há indícios de que esse maximalista rubro tivesse tomado posição na dissidência dos anarquistas brasileiros, em fins de 1921, que redundaria na organização do bloco comunista e consequente fundação do Partido em março de 1922.

**Pg. 328**

Para ele, maximalista convicto, nada adiantava trocar os homens que mandavam, mudar apenas os nomes que moravam no Palácio do Catete. A política não passava disso: "Bernardes briga com Vertenza (Nilo Peçanha), soltam ambos belas palavras, pelos seus jornais e pelos seus oradores, os bobos tomam partido, levam chanfalhadas da polícia, vão para o xadrez e... os chefes embarcam para a Europa. Viva a política!"

(*"Dissidências"*, publicado postumamente na revista *Careta*, Rio de Janeiro, 5.1.1924)

Prefácio do livro *Bagatelas*

...

A maior parte dos artigos de jornal escritos por Lima Barreto foi publicada durante os anos de 1918 a 1922. Neste volume, que ele mesmo organizou sob o título de *Bagatelas*, e editado já depois da sua morte, há alguns datados de bem antes, mas a maioria, sem excluir os que aparecem sem data, é de 1918 a 1920. É importante fixar estas datas, para melhor compreensão do tom, do sentido e do alcance que possuem os principais artigos aqui recolhidos. São artigos durante os últimos meses da primeira Guerra Mundial e nos anos que se seguiram, quer dizer, escritos num tempo que assinalou o advento da maior e mais profunda revolução social de toda a história da humanidade – a Grande Revolução Socialista de Outubro.

Neles expôs o autor "algumas reflexões sobre fatos, coisas e homens da nossa terra" – são palavras suas na advertência. Da nossa terra e de outras terras, conviria acrescentar, pois em mais de uma página se encontram aqui opiniões acerca de acontecimentos internacionais, e mesmo quando o articulista trata de homens, coisas e fatos nacionais, são eles inelutavelmente examinados à luz dos acontecimentos que abalavam o mundo. Nem podia deixar de ser assim, tamanha a pressão histórica de tais acontecimentos.

...

Lima Barreto não era tão pouco um articulista de tipo estritamente jornalístico, mas um escritor, seguro de si e da sua obra, que se servia das páginas de jornais e revistas para opinar, criticar, protestar e a par disso, frequentemente, registrar as suas reminiscências, memórias e confissões pessoais. Sem ser panfletário profissional, imprimia a muitos dos seus artigos a feição de áspera crítica política e social, e fazia da sátira de costumes uma arma permanente de combate.

...

É hoje opinião unânime da crítica, entre nós, considerar Lima Barreto um dos nossos maiores romancistas. Podemos avançar, sem susto de erro, que ele figura por igual entre os nossos melhores autores de crônicas e artigos de jornal. Os volumes deste gênero que se publicaram depois da sua morte, inclusive *Batagelas*, confirmam plenamente a asserção. Direi mais: nenhum dos escritores da sua geração, colaboradores da grande imprensa, pode ser comparado a ele também neste particular.

Nenhum dos outros soube como ele penetrar o sentido profundo dos acontecimentos que se desenrolavam aos olhos de todos. Nenhum dos outros foi capaz de perceber a importância histórica da Revolução Russa de 1917, e nenhum deles pode rivalizar com Lima Barreto no que se refere ao instinto seguro da sua visão relativamente aos problemas políticos e sociais do pós-guerra.

...

Lima Barreto não era um marxista, longe disso, e nem se pode vislumbrar nos seus escritos nenhum pendor para trabalhos e estudos teóricos que o levassem a uma adesão plena às concepções filosóficas do marxismo. Desde jovem se afizera ao trato dos livros, mas sua formação sofria do mal muito comum do ecletismo, uma certa mistura de materialismo positivista, de liberalismo spenceriano, de anarquismo kroptkiniano e de outros ingredientes semelhantes. Nascido, no entanto, de família pobre, vivendo sempre na pobreza e no meio de gente pobre, fez-se escritor por vocação – escritor honesto e consciente da sua condição. Como tal, encarava a realidade frente a frente, com um agudo poder de observação, e honradamente exprimia o que pensava e sentia acerca dos problemas que afetavam a vida do nosso povo. Por isso, creio eu, é que Lima Barreto, não bastante as insuficiências da sua formação cultural, pode e soube ver as coisas muito melhor que os escritores e articulistas que pontificavam na grande imprensa do seu tempo.

Dessa posição de escritor pobre e honrado, fez Lima Barreto uma trincheira, de que jamais desertaria, e servindo-se dos meios que lhe eram próprios participou do bom combate em favor do povo brasileiro e da humanidade progressista.

...

A Revolução Russa de 1917, sua significação histórica e suas consequências para o mundo inteiro, foi assunto que Lima Barreto abordou em vários artigos, sendo que os mais importantes o próprio autor os recolher neste volume.

O artigo sobe o título "No ajuste de contas...", datado de 1º de maio de 1918, é uma espécie de manifesto político e de programa revolucionário, em que o autor expõe com franqueza as suas ideias e propõe uma série de medidas, que a seu ver viriam resolver os problemas políticos, econômicos e sociais colocados na ordem do dia. Relendo-o agora podemos bem avaliar o que havia de falho e confuso em certas concepções do articulista; mas ao tempo em que foi publicado, e num meio como o nosso, onde era geral a ignorância do socialismo científico, representava um sincero desejo e revelava sem dúvida um esforço meritório no sentido de ajudar o povo a encontrar o justo caminho da libertação nacional e social. O articulista declarava corajosamente inspirar-se no exemplo da Revolução de Outubro: "Terminando este artigo, que já vai ficando longo, confesso que foi a revolução russa que me inspirou tudo isso".

Noutro artigo, datado de julho seguinte, mostrava compreender que a Revolução Russa viera abalar "não apenas os tronos, mas os fundamentos da nossa vilã e ávida sociedade burguesa". E acrescentava: "Não posso negar a grande simpatia que me merece um tal movimento; não posso esconder o desejo que tenho de ver um semelhante aqui, de modo a acabar com essa chusma.."

Não se pense que escrevia isso por brincadeira ou por parecer extravagante. Não, as suas palavras resultavam de séria meditação sobre o alcance histórico da Revolução, conforme explicou: "Precisamos deixar de panaceias; a época é de medidas radicais. Não há quem, tendo meditado sobre esse estupendo movimento bolchevista, não lobrigue nele uma profunda e original feição social e um alcance de universal amplitude sociológica".

Meses depois, o artigo sob o título "Sobre o maximalismo", volta a defender com veemência a Revolução de Outubro, fazendo polêmica com o então famoso escriba Azevedo Amaral, editorialista do órgão conservador e oficioso *O País*. Dizia aí, logo de início: "...os nossos sabichões não têm nem uma espécie de argumento para contrapor aos apresentados pelos que têm meditado sobre as questões sociais e veem na revolução russa uma das mais originais e profundas que se têm verificado nas sociedades humanas". Tendo rebatido com vantagem as presunçosas tolices de Azevedo Amaral, Lima Barreto justifica o seu empenho em defender os ideais da Revolução: "Lembrei tudo isto, porquanto tendo há quase um ano, como já disse, deitado uma espécie de manifesto maximalista, estou na obrigação e me julgo sempre obrigado a seguir o que aqui se disser a respeito dos ideais da revolução russa em que me baseei naquele meu escrito". E fazia esta observação inteligente: "Digo ideais e não as fórmulas e medidas especiais, porquanto, desde o começo, tinha visto que elas não podiam ser as mesmas em todos os países".

A conclusão desse artigo era um ardente apelo à Revolução: "...cabe bem aos homens de coração desejar e apelar para uma convulsão violenta que destrone e dissolva de vez essa *societas sceleris* de políticos, comerciantes, industriais, prostitutas, jornalistas *ad hoc*, que nos saqueiam, nos esfaimam, emboscados atrás das leis republicanas. É preciso, pois não há outro meio de exterminá-la".

Em alguns outros artigos e crônicas, não incluídos em Bagatelas, teve Lima Barreto oportunidade de reafirmar suas opiniões a respeito da Revolução Russa. Às vezes indiretamente, por meio de referências intercaladas num texto consagrado a outros assuntos. Por exemplo, na crônica "Memórias da Guerra", datada de 17 de abril de 1920, na qual se refere à publicação das memórias de Hindenburg e de Ludendorff, o cronista encontra jeito de encerrar os seus comentários com a seguinte referência a Lenin: "É este o grande homem do tempo, que preside, com toda a audácia, uma grande transformação social da época..." (Feiras e Mafuás). Isto num momento em que toda a imprensa se esmerava nas calúnias de encomenda contra o chefe genial da Revolução de Outubro.

No artigo "Simples reparo", datado de fevereiro de 1920 e também não incluído em *Bagatelas*, o autor completa, de certo modo, as ideias expressas anteriormente em "No ajuste de contas..." e "Sobre o maximalismo", e por isso mesmo possui igual importância.

...

Lima Barreto estava enfermo, recolhido ao Hospital Central do Exército, quando ocorreu no Rio a greve insurrecional de 18 de novembro de 1918. Acompanhou o movimento pela leitura de jornais, e externou a sua simpatia pelos grevistas em mais de um artigo. O medo que a greve produziu nas classes dominantes provocou nele boas risadas: "Ri-me muito gostosamente do pavor que levaram, a todo o Olimpo governamental, os acontecimentos de 18" – escreveu no artigo "Da minha cela", reproduzido sem data no volume *Bagatelas*.

Logo a seguir, em "Carta aberta", dirigida pela imprensa ao presidente eleito da República, Rodrigues Alves, volta o articulista a tratar mais detidamente daqueles acontecimentos, defendendo os operários grevistas não só contra as violências, mas também contra as calúnias políticas. O chefe de polícia mandara publicar nos jornais as mais torpes e estúpidas acusações contra os trabalhadores em luta. A grande imprensa, como sempre, espalhou largamente as miseráveis calúnias, e Lima Barreto aproveita a ocasião para caracterizar a desonestidade dos jornais reacionários e de certos cronistas famosos na época. Entre outras coisas, disse o seguinte, que é interessante destacar: "Se o chefe de polícia (...) tivesse expedido uma circular a tal respeito, em papel de sua repartição, a obra sairia mais igual, tão-somente isso, porque os artigos todos, se não são iguais, são parecidos".

...

Entre os seus recolhidos neste volume, figura um sob o título "São Paulo e os estrangeiros", datado de 1917, todo ele consagrado à defesa dos operários paulistas, que haviam desencadeado a grande greve daquele ano.

Defendendo os operários grevistas contra as arbitrariedades e brutalidades da reação policial, o articulista defendia consequentemente as liberdades democráticas, espezinhadas no entanto por um governo abertamente a serviço dos patrões, e se insurgia contra o açodamento com que o Congresso Nacional votava as leis de exceção exigidas pela grande burguesia paulista, muito embora contrárias aos espírito da Constituição Federal.

Bem entendido, o que mais o preocupava, na luta de então em defesa das franquias constitucionais, não era propriamente a Constituição, mas sim a situação dos grevistas. Havia nele um seguro instinto, senão uma consciência clara, que o levava a aproximar-se cada vez mais da classe operária, se bem que ainda sem uma compreensão precisa do papel histórico da classe operária como tal.

...

Embora incidindo em certas confusões, que não é difícil apontar nos seus escritos, o fato é que o autor de *Bagatelas* não se iludia sobre o caráter de classe do poder, que a greve geral de 1917, em São Paulo, se encarregara de pôr a descoberto. O trecho acima transcrito é bastante claro a este respeito. Há porém uma passagem, no artigo "Vera Zassulitch", em que o seu pensamento aparece formulado em termos ainda mais claros, ao escrever que – "o Estado atual é o dinheiro e o dinheiro é a burguesia que açambarca, que fomenta guerras, que eleva vencimentos, para aumentar os impostos e empréstimos, de modo a drenar para as suas caixas fortes todo o suor e todo o sangue do país, em forma de preços e juros de apólices."

...

Concluiremos afirmando que *Bagatelas* nos parece um livro vivo, um livro por assim dizer militante, por meio do qual o seu autor sobrevive e participa, ainda hoje, das grandes lutas do nosso povo pela paz, a democracia e a independência nacional.

E este é o seu maior título de glória.

Astrojildo Pereira, 1956

(O texto foi publicado como prefácio da 2º edição de Bagatelas para coleção de *Obra Completa de Lima Barreto* de 1956. Em 1963, também foi lançado no livro *Crítica Impura* sob o título "Posições Políticas de Lima Barreto", pela editora Civilização Brasileira, reunindo vários ensaios de Astrojildo Pereira.)

## *Lima Barreto, Romance*
## Francisco de Assis Barbosa, 1960

Apresentação

"Maximalista um tanto inconsequente, formou entre os raros escritores brasileiros que enalteceram a Revolução Russa de 1917. No entanto, era devoto de Nossa Senhora da Glória, subindo o outeiro, todos os anos, cada 15 de agosto, para o culto à sua madrinha, como qualquer peregrino humilde e desconhecido."

...

"No plano espiritual, ainda que baseando toda a sua experiência literária nas doutrinas de Taine e Brunetière, acabaria por proclamar as suas dúvidas e incertezas, fora dos esquemas do materialismo."

...

"Todas essas ideias, que dificilmente se coadunam com o maximalismo da época, não impediam que ele prosseguisse a deblaterar contra os plutocratas."

***Lima Barreto*, Maria Tereza Arruda Campos, 1988**

"O anarquismo, que chega ao Brasil no início do século, encontra em Lima um defensor apaixonado. Nunca foi um militante de ação direta. Lutava com o instrumento que mais dominava: a palavra escrita. Escreveu para *A Voz do Trabalhador*, *A Barricada*, *ABC*, *O Cosmopolita*, entre outros.

Em 1917, mesmo ano que publica *Os Bruzundangas*, a Revolução Russa o leva a escrever o "Manifesto Maximalista", onde defende a causa socialista."

*Lima Barreto: Triste Visionário*,
**Lilia Moritz Schwarcz, 2017**

Reagindo à reação geral: um Lima maximalista

"Não fazia parte dos planos de Lima permanecer no hospital por muito tempo. Lá fora a cidade fervia, tomada pela agitação social. Por isso, tão logo se viu mais livre das dores, ainda internado decidiu retomar sua atividade de cronista. Afinal, no dia 18 de novembro, a União dos Trabalhadores, com o apoio da liderança anarquista, decretara greve geral. Como boa parte da imprensa se revelasse a favor da violenta repressão policial que tomou conta da capital, o escritor aproveitou para elevar ainda mais o calibre de seu discurso."

...

"Lima concedeu uma entrevista intitulada 'Importação Inútil' ao jornal *República*, de Santa Catarina, em que responsabilizava os brasileiros de serem maximalistas no sentido inverso: 'Não somos, por hábito e tolerância, o povo mais amigo da ideia estranha. [...] O que é nosso não presta, a começar pelas galinhas... É estrangeira?

Perguntamos diante da mercadoria. O negociante, esperto por nascimento, sorri, pinga duas exclamações e responde: '- Sim! Nesta casa tudo é importado!' fazendo um uso pouco ortodoxo do termo, alegava que padeceríamos 'do excesso de superlativos'."

...

"O autor de Policarpo buscava, ainda, associar luta social com missão cultural, apregoando o retorno aos costumes locais. E assim, animado com os acontecimentos que estouravam no País e com as notícias que chegavam da Rússia, ele começou a se inspirar na ideia de revolução. Não que fosse da ação direta. Pelo contrário, vinha limitando sua atuação à esfera intelectual. De toda maneira, andava comovido com as manifestações que rebentavam nas ruas da cidade e esperançoso de que sua 'literatura militante' pudesse ter alguma influência naquele momento."

# Personagens e Situações Apresentados

## Alexandra Kollontai

Alexandra Mikhaylovna Kollontai (1872-1952) inicia sua atividade política a partir de 1896, apoiando a greve do setor têxtil de Petrogrado, aproximasse do marxismo e em 1900 ingressa do Partido Operário Social-Democrata Russo. Adere aos bolcheviques, em 1903, trabalha na imprensa do partido e da organização as primeiras manifestações de mulheres operárias. Entre 1908 e 1917, Kollontai exilou-se em vários países europeus e nos Estados Unidos, mantendo sua atividade revolucionária. Em fevereiro de 1917, retorna à Rússia, eleita a primeira mulher do Comitê Executivo do Soviete de Petrogrado e do Soviete Pan-Russo. Membro do Comitê Central do partido bolchevique, participa da Revolução de Outubro e é eleita comissária do povo para assuntos do bem-estar social. Em 1918, organiza o primeiro Congresso de Mulheres Trabalhadoras da Rússia. Em 1919, adere a Oposição Operária do partido e foi uma das primeiras a alertar contra a burocratização do partido. A partir de

1922, inicia carreira diplomática trabalhando em vários países até ser indicada como embaixadora, em 1943. Entre suas obras destacam-se: *Base Social da Questão Feminina* (1908), *Sociedade e Maternidade, A Classe Operária e a Nova Moral, A Nova Mulher* (1918) *A Moral Sexual* (1921) e *A Oposição Operária* (1921).

**Astrojildo Pereira**

Astrojildo Pereira (1890-1965) foi um mais destacados militante do movimento operário brasileiro. Anarquista na juventude, participou do II Congresso Operário Brasileiro, de 1913, foi um dos dirigentes da insurreição anarquista em novembro de 1918, no Rio de Janeiro. Impactado como a Revolução Russa, foi um dos fundadores do Partido Comunista do Brasil, em 1922, sendo seu secretário-geral por muitos anos. Foi delegado brasileiro no V Congresso da III Internacional, sendo eleito para o Comitê Executivo, em 1924. Foi um dos responsáveis pela entrada de Luiz Carlos Prestes no partido.

**Livros:** *Intepretações (1944), Machado de Assis (1959) e Crítica Impura (1963).*

### Brunetière

Ferdinand Brunetière (1849-1906) professor, escritor e crítico francês. Historiador, escreveu obras sobre a literatura clássica e a poesia francesa e de autores como Honoré de Balzac, também publicou estudos sobre religião, ciência e educação, foi um dos divulgadores do darwinismo.

### D'Annunzio

Gabriele d'Annunzio (1863-1938) dramaturgo e escritor, foi o poeta italiano mais famoso e influente da primeira década do século XX. Era uma das figuras centrais do futurismo, movimento artístico que defendia o fim do moralismo, negação do passado e louvação da revolução tecnológica e industrial. Nacionalista, exaltava a figura do Duce Mussolini e o mito imperial de Roma, D' Annunzio demonstrava a figura do poeta militante. Piloto de aviação combateu na I Guerra Mundial. Considerado herói de guerra por suas ações espetaculares. Em setembro de 1919, reúne uma tropa de 2.000 nacionalistas e toma a cidade de Fiume (hoje na Croácia) para forçar a anexação do território pela Itália, retirou-se em dezembro de 1920, sem conseguir seu intento.

### Francisco de Assis Barbosa

Francisco de Assis Barbosa (1914-1991) jornalista, ensaísta, historiador e biógrafo. Redator dos jornais: *A*

*Noite*, *Vamos Ler*, *Correio da Manhã*, *Diário Carioca*, *Folha da Manhã*, *Última Hora*, entre outros. Foi editor dos Cadernos do *Jornal do Brasil* que comemoravam do IV Centenário da Fundação da Cidade do Rio de Janeiro (1965). Eleito imortal da Academia Brasileira de Letras e um dos fundadores da Associação Brasileira de Escritores (ABDE). Procurador do Estado da Guanabara, vice-presidente da Fundação Padre Anchieta, mantenedora da TV Cultura de São Paulo e assessor de documentação da Presidência da República no Governo Juscelino Kubitschek. Entre vários livros de sua autoria destaca-se: *A Vida de Lima Barreto*, biografia (1952) *Machado de Assis em Miniatura*, biografia (1957) *Juscelino Kubitschek, Uma Revisão na Política Brasileira*, biografia (1962) *História do Povo Brasileiro* (fase nacional) (1968) *Bernardo Guimarães: a Viola e o Sertão* (1975).

**Pausílipo da Fonseca**

Curiosa figura de boêmio, Francisco Pausílipo da Fonseca nasceu em Goiana, Estado de Pernambuco, em 28 de fevereiro de 1879 e morreu no Rio de Janeiro, em 15 de julho de 1934.

Era ainda um adolescente quando emigrou para o Rio, onde assentou praça num batalhão, para ingressar depois, como adido, na Escola Militar. Nacionalista exaltado, florianista rubro, foi, entretanto, desligado da escola em 1897, em meio ao quatriênio de Prudente de Morais, sendo deportado para Mato Grosso, juntamente com setenta colegas.

Voltando ao Rio em 1899, publica um pequeno volume: *Mártir pela Fé*, que denomina "ensaio literário", invocando a memória de Floriano Peixoto, em delirante dedicatória.

Integrado na vida civil, Pausílipo dedica-se à vida da imprensa, iniciando a carreira como operário gráfico, nas oficinas d'*O País*, galgando sucessivamente os postos de compositor, revisor, repórter e redator.

Quando do aparecimento do Correio da Manhã, passou a trabalhar simultaneamente em ambos os jornais. Em 1906, ainda redigia a seção "O País nos Subúrbios". Pouco depois, entretanto, abandonava o *O País* para se fixar no *Correio de Manhã*, jornal em que trabalhou até a morte.

Espírito inquieto, Pausílipo da Fonseca trocaria muito cedo as suas convicções nacionalistas pelas ideias anarquistas, colocando-se à frente de semanários libertários, como *Novo Rumo* e *A Greve*. Orador popular, dono de uma voz tonitruante e de uma grande simpatia pessoal, aparece por volta de 1904 como fundador e principal organizador de um partido Operário Independente.

A vida, porém, conseguia atenuar a combatividade do jornalista e panfletário. No *Correio da Manhã* foi promovido de redator da seção "Vida Suburbana" à reportagem e à crônica política. Era o representante do jornal no Senado e nesse caráter, acompanhou Rui Barbosa nas excursões a São Paulo e Minas Gerais, por ocasião da campanha civilista.

Feito redator de debates do Senado, completaria com o casamento a sua metamorfose burguesa. Mas continuou no *Correio*, responsável agora por mais uma seção: "No Cadinho da Soberania Nacional".

A revolução de 1930 tirou-lhe o lugar de funcionário legislativo. Demitido, aos cinquenta anos, teve que reorganizar a vida, conseguindo apenas um pequeno lugar de escriturário na Escola Profissional Quinze de Novembro.

Pausílipo da Fonseca morreu aos cinquenta e cinco anos, deixando esposa e dois filhos em extrema pobreza.

...

No *Correio da Manhã*, publicou em folhetins: A Vitória da Fome, romance socialista.

Correspondência Ativa e Passiva 1º Tomo, Francisco de Assis Barbosa, 1956

**Taine**

Hippolyte Adolphe Taine (1828-1893) foi um dos principais expoentes do positivismo francês. Historiador e crítico, o teórico desenvolveu o Método de Taine que concluía que o meio determina o processo histórico e o homem resulta do ambiente, concepções do determinismo.

## Vera Zassulitch

Vera Zassulitch (1849-1919) militante revolucionária, foi líder anarquista em Kiev. Exilada na Suíça, foi responsável pelas primeiras traduções dos escritos de Marx para o russo e foi uma das fundadoras do Partido Operário Social-Democrata Russo, em 1898. Criou, com Lenin, Martov, Potresov, Plekhanov e Akseirod o jornal *Iskra*, que se opunha a ala economistas do partido. No segundo congresso do partido, em 1903, se posicionou ao lado dos mencheviques liderados por Martov, retornou à Rússia após a revolução de 1905. Zassulitch apoiou a participação da Rússia na I Guerra Mundial e se opôs à Revolução de 1917.

## Greve Geral de 1917

O grande movimento começou com a paralização na fábrica de tecidos Crespi, no bairro da Mooca, no mês de junho de 1917. Os grevistas exigiam aumento de salário, proibição do trabalho feminino à noite, redução da jornada de trabalho e proibição do trabalho infantil. Outras fábricas aderiram ao movimento e unificando os vários sindicatos, de inspiração anarquista. No dia 8 de julho é criado o Comitê de Defesa Proletária, que unifica as lutas com onze reivindicações principais:

1. Que sejam postas em liberdade todas as pessoas detidas por motivo de greve;

2. Que seja respeitado do modo mais absoluto o direito de associação para os trabalhadores;
3. Que nenhum operário seja dispensado por haver participado ativa e ostensivamente no movimento grevista;
4. Que seja abolida de fato a exploração do trabalho de menores de 14 anos nas fábricas, oficinas etc.;
5. Que os trabalhadores com menos de 18 anos não sejam ocupados em trabalhos noturnos;
6. Que seja abolido o trabalho noturno das mulheres;
7. Aumento de 35% nos salários inferiores a $5.000 e de 25% para os mais elevados;
8. Que o pagamento dos salários seja efetuado pontualmente, cada 15 dias, e, o mais tardar, 5 dias após o vencimento;
9. Que seja garantido aos operários trabalho permanente;
10. Jornada de oito horas e semana inglesa;
11. Aumento de 50% em todo o trabalho extraordinário.

O movimento cresce com comícios e concentrações nos bairros. No dia 9 de julho, numa manifestação em frente da fábrica Mariângela, no Brás, a carga de cavalaria da polícia mata o jovem sapateiro espanhol José Martinez.

O funeral reuniu milhares de pessoas que atravessaram a cidade até o cemitério do Araçá, onde foi o sepultamento. O clima de revolta crescia com confrontos nas ruas e em 12 de julho o Comitê decretou a Greve Geral com a adesão dos trabalhadores do comércio, transportes e funcionalismo público, reunindo cerca de 70 mil operários. O Comitê de Defesa Proletária negociou com os patrões através de uma comissão intermediadora, organizada por jornalistas. O resultado foi um aumento geral de 20% de salários, direito de associação, não demissão dos grevistas e a discussão dos outros itens da pauta unificada.

A greve foi encerrada no dia 16 de julho, num comício realizado no Largo da Concórdia, no bairro do Brás.

**I Guerra Mundial**

Conhecida como a Grande Guerra colocou em lados opostos os grandes impérios europeus: a Tríplice Entente composta da França, Inglaterra e Rússia, depois apoiada pelos Estados Unidos e a Tríplice Aliança formada pela Alemanha, Império Austro Húngaro, Império Otomano e Itália (que em 1915 adere à Entente). O conflito durou de 1914 a 1918, deixando 10 milhões de soldados mortos e cerca de 21 milhões de feridos. A Guerra causou também a morte de 13 milhões de civis e se prolongou com Guerra de Trincheiras entre a Alemanha e a França. A aliança dos impérios centrais foi derrotada e assinou o Tratado de Versalhes que impôs condições excessivas, especialmente para a Alemanha, e que foi um dos combustíveis para a ascensão de nazismo ao poder e a deflagração da II Guerra Mundial, vinte anos depois. O fim da I Guerra Mundial ocasionou a destruição dos impérios centrais, o redesenho de fronteiras e a criação de uma dezena de novos países, alavancou os Estados Unidos como a principal potência econômica mundial e a tomada do poder pelos sovietes na Rússia, criando o primeiro estado operário que iniciou um ciclo de revoluções em todo o mundo.

**Insurreição Anarquista**

Motivados pela Revolução Bolchevique na Rússia e a destacada greve geral em julho de 1917, em São Paulo, os anarco-sindicalistas cariocas planejaram um movimento insurgente na capital do País, no dia 18 de novembro de 1918. Seguindo a teoria da greve geral insurrecional, da ação direta, quando os revolucionários desencadeariam um movimento de paralisação total, atraindo camponeses e soldados, que acabaria minando as bases da sociedade capitalista, até a tomada do poder pelos organismos operários (sindicatos, comitês e centrais).

A I Guerra Mundial abalara a estabilidade do sistema burguês mundial, abrindo uma crise revolucionária, que resultara na tomada do poder pelos sovietes russos, as revoluções húngara e alemã. A possibilidade da revolução social, como alternativa ao declínio do capitalismo, parecia mais próxima e isso embalou os revolucionários, sindicalistas e anarquistas em todo o mundo. Essa esperança também tomou os brasileiros, especialmente os cariocas.

No Brasil, nas primeiras décadas do século XX, não existia uma legislação trabalhista ou direito de trabalho, o que possibilitava uma super exploração da mão de obra, especialmente a fabril. Com condições precárias de moradia, alimentação, saúde e higiene, os trabalhadores tinham jornadas de 10, 12 ou 14 horas, incluindo crianças e mulheres, em condições insalubres e com salários miseráveis. Na indústria têxtil, que não exigia nenhuma qualificação, a rotatividade era muito grande. Não existia salário mínimo legal e cada empresa fazia sua política de pagamentos, contratações e demissões. As primeiras leis sobre férias remuneradas, acidentes de trabalho e regulamentação do trabalho infantil, só foram aprovadas no decorrer da década de 20.

As greves operárias que eclodiram entre 1917 e 1919, em São Paulo e no Rio de Janeiro, tinham como motivações as condições de trabalho, a carga horária e a carestia dos alimentos. Já os têxteis (a maior categoria operária) estavam às voltas com a carestia e queda dos salários e o acúmulo de produtos estocados, consequência direta da I Guerra Mundial, que reduziu os dias de trabalho e apresentava a ameaça do desemprego em massa. Outro grave problema foi a epidemia de gripe espanhola, que vitimou cerca de 12 mil mortos, entre 12 de outubro e 5 de novembro, só na cidade do Rio de Janeiro.

Na organização sindical, os anarquistas estavam presentes na Federação Operária do Rio de Janeiro (FORJ), que congregava os trabalhadores industriais, de oficinas semi-artesanais e do setor de serviços. Fundada em julho de 1917, a União dos Operários em Fábrica de Tecidos (UOFT) tinha 30 mil sócios, em novembro de 1918, e conseguira uma organização considerável entre os têxteis. Outros setores também criavam associações de classe, como os metalúrgicos, sapateiros, alfaiates, gráficos e trabalhadores da construção civil. A organização operária foi aprimorada com a criação da União Geral dos Trabalhadores, em primeiro de fevereiro de 1918 com a adesão de 13 sindicatos e associações e a unificação com a FORJ. Durante o ano de 1918, têxteis, chapeleiros, marmoreiros, metalúrgicos e estivadores realizam greves que conseguem melhorias de trabalho, redução de jornada e aumentos salariais. Os sindicatos criaram sub sedes em bairros e em cidades da região metropolitana. Todas essas conquistas motivaram os militantes anarquistas a um passo maior: a greve geral.

Em novembro, os têxteis iniciam uma movimentação pedindo a manutenção das 56 horas semanais de trabalho. No dia nove, os jornais noticiavam a revolução proletária alemã, enquanto que no dia 12 é assinado o armistício, colocando fim da Guerra na Europa, no dia 15 o presidente eleito, Rodrigues Alves, passa o cargo para o vice, Delfim Moreira (Rodrigues Alves morreria em 19 de janeiro de 1919).

No dia 18 de novembro houve uma grande greve nas fábricas têxteis do Rio de Janeiro, Niterói, Petrópolis e Magé, paralisando a maioria das fábricas. Também entraram em greve os metalúrgicos e setores da construção civil.

A partir das 17 horas, houve uma grande concentração no Campo de São Cristovão, na Praça da República e em outros pontos. A força policial, auxiliada pela cavalaria do Exército, estava alertada e procurou dispersar a multidão. Tiros foram disparados e bombas foram jogadas na delegacia do Campo de São Cristovão. O planejamento dos grevistas era atacar a Intendência da Guerra, no mesmo local, receber apoio dos soldados e apossar-se do armamento e do fardamento. Depois atacariam a Prefeitura, o Palácio da Polícia e o quartel-general da Brigada Policial. Subjugados esses objetivos, os operários atacariam o Palácio do Catete e a Câmara Federal, prendendo o presidente, senadores e deputados. Assim seria proclamado o Conselho de Operários e Soldados. Mas o movimento foi debelado no início, os operários foram cercados, presos e dispersados pelas forças militares. Os líderes foram presos e processados. A adesão de soldados era desejada pelos líderes anarquistas, como uma ação espontânea, tanto que alguns militantes operários foram presos ao tentarem distribuir folhetos, convocando os soldados a se unirem para derrubar o governo burguês, nas imediações de unidades militares.

O movimento começou a desarticulado com a infiltração do tenente do Exército Jorge Elias Ajus, nas reuniões preparatórias do movimento. Vizinho do anarquista Ricardo Correa Perpétua, o tenente fingiu partilhar das intenções dos anarquistas e passava as informações para a polícia. Inclusive chegou a ser encarregado da elaboração militar do levante. Os líderes intelectuais do movimento eram José Oiticica, Astrojildo Pereira, Manuel Campos, Agripino Nazaré, Ricardo Correa Perpétua, Gaspar Gigante, João da Costa Pimenta, Álvaro Palmeira, Carlos Diaz, José Elias da Silva, Oscar Silva, Adolfo Buste e José Romero. A diretoria da União dos Operários em Fábrica de Tecidos (UOFT), com Manuel Castro, presidente e Joaquim Moraes, secretário também estava envolvida. Nas reuniões participavam lideranças de várias fábricas e o movimento tinha um detalhado plano de ataque a prédios públicos, com cerca de quatro mil operários em prontidão, armados de bombas, dinamite e gasolina para atacar os pontos chaves da cidade. Alertadas, as autoridades, comandadas pelo chefe da polícia, Aurelino Leal, cercaram as principais fábricas e guarneceram os pontos de concentração dos operários. Foram feitas cerca de 200 prisões, 180 destes foram deportados para campos de detenção no norte do País. Meses depois, foram liberados, por falta de provas.

A greve dos operários têxteis prosseguiu por várias semanas, mas, no início de dezembro, o movimento foi derrotado, pela pressão patronal e a repressão policial, sem conquistar nenhuma reivindicação.

A ação fracassou pela delação e pela eficaz repressão policial. Deve-se considerar que os anarquistas haviam superestimado sua própria força e a capacidade de aglutinação dos operários para desfechar o golpe armado contra as autoridades governamentais.

**Maximalismo**

"O maximalismo é a designação pela qual o ideário bolchevique, em sua difusa recepção fora das fronteiras russas, se torna conhecido em países como o Brasil. Depois, com o aprofundamento dos estudos sobre a Revolução Russa e a teoria marxista-leninista, o termo caiu em desuso."

*Lima Barreto, o Rebelde Imprescindível,* Luiz Ricardo Leitão, 2006

"No contexto da Revolução Russa, e mesmo antes dele, recorria-se a conceitos como maximalismo e maximalista para designar correntes mais radicais, mas de definição pouco rigorosa. Na Rússia revolucionária, e de forma coerente, maximalistas eram os anarquistas e bolcheviques que propunham a revolução imediata e todo o poder aos sovietes. Já no Brasil, a exemplo do que fez Lima, usou-se o conceito de maneira mais arbitrária e a favor dos próprios combates. Padeceríamos, justamente, do excesso de superlativos e importações, sem travas ou restrições."

*Lima Barreto: Triste Visionário,* Lilia Moritz Schwarcz, 2017

"Na época circulavam três compreensões do termo no Brasil. A primeira é que os maximalistas seriam partidários da violência para a mudança do sistema político. A segunda era relativa àqueles que seguiam as máximas de Karl Marx. A terceira referia-se aos que se definiam como bolcheviques. Lima deve ter se encaixado na terceira via."

*Lima Barreto: Triste Visionário,* Lilia Moritz Schwarcz, 2017

# Fontes de Informação

## Livros de Lima Barreto

*Obras de Lima Barreto*, Editora Brasiliense, 1956, organização de Francisco de Assis Barbosa com colaboração de Antônio Houaiss e Cavalcanti Proença

1-*Recordações do Escrivão Isaías Caminha*, prefácio de Francisco de Assis Barbosa
(1º edição da parte inicial na revista *Floreal*, 1907 e com o texto completo em Lisboa,
Livraria Clássica Editora, 1909)
2-*Triste Fim de Policarpo Quaresma*, prefácio de Oliveira Lima
(1º publicação em folhetins do *Jornal do Comércio*, edição da tarde, 1911)
3-*Numa e Ninfa*, prefácio de João Ribeiro
(1º publicação em folhetins do jornal *A Noite*, 1915)
4-*Vida e Morte de M. J. Gonzaga de Sá*, prefácio de Alceu Amoroso Lima
(1º edição na *Revista do Brasil*, 1919)
5-*Clara dos Anjos*, prefácio de Sergio Buarque do Holanda
(1º publicação em folhetins da *Revista Souza Cruz*, 1923-1924)
6-*Histórias e Sonhos*, prefácio de Lúcia Miguel Pereira
(1º edição Livraria Editora de Gianlorenzo Schettino, 1920)

7-*Os Bruzundangas*, prefácio de Osmar Pimentel
(1º edição Jacintho Ribeiro dos Santos editor, 1923)
8-*Coisas do Reino do Jambon*, prefácio de Olívio Montenegro
(1º edição Livraria José Olympio Editora, 1953)
9-*Bagatelas*, prefácio Astrojildo Pereira
(1° edição Empresa de Romances Populares, 1923)
10-*Feiras e Mafuás*, prefácio de Jackson de Figueiredo
(1º edição Editora Mérito, 1953)
11-*Vida Urbana*, prefácio de Antônio Houaiss
12-*Marginalia*, prefácio de Agripino Grieco
(1º edição Editora Mérito, 1953, contendo: Marginália e Impressões de Leitura)
13-*Impressões de Leitura*, prefácio de M. Cavalcanti Proença
14-*Diário Íntimo*, prefácio de Gilberto Freyre
(1º edição Editora Mérito, 1953, contendo: Diário Íntimo, Diário do Hospício, Cemitério dos Vivos e Inventário da Biblioteca)
15-*O Cemitério dos Vivos*, prefácio de Eugênio Gomes
16-*Correspondência Ativa e Passiva*, 1º tomo, prefácio de Antônio Noronha Santos
17-*Correspondência Ativa e Passiva*, 2º tomo, prefácio de B. Quadros

*Os Bruzundangas*, Ediouro, 1993
*Clara dos Anjos*, Editora Brasiliense, 1969

*Clara dos Anjos*, Publifolha, 1997
*Clara dos Anjos*, Editora Escala, década de 2000
*Contos Brasileiros*, vários autores, Ediouro, década de 90
*Contos de Lima Barreto*, Editora Brasiliense, 1982
*A Crônica Militante*, Expressão Popular, 2016
*Crônicas Escolhidas*, Editora Ática, 1995
*Histórias de Humor*, Editora Scipione, 1998
*Histórias e Sonhos*, Livraria Garnier, 1990
*O Homem que Sabia Javanês*, Clube do Livro, 1965
*O Homem que Sabia Javanês*, Literatura Brasileira em Quadrinhos, Escala Educacional, 2005
*O Homem que Sabia Javanês*, Edusc, 2005
*Um Músico Extraordinário*, Literatura Brasileira em Quadrinhos, Escala Educacional, 2005
*A Nova Califórnia*, Literatura Brasileira em Quadrinhos, Escala Educacional, 2006
*A Nova Califórnia e Outros Contos*, Editora Unesp, 2012
*Lima Barreto, Contos*, Editora Ática, 1990
*Lima Barreto, Romance*, Editora Agir, 1960
*A Palavra é... Humor*, Editora Scipione, 1990
*Recordações do Escrivão Isaías Caminha*, Typografia Revista dos Tribunaes, 1917
*Recordações do Escrivão Isaías Caminha*, O Livro de Bolso, 1943
*Recordações do Escrivão Isaías Caminha*, Biblioteca Folha, 1997

*Recordações do Escrivão Isaías Caminha*, Editora Escala, década de 2000
*O Subterrâneo do Morro do Castelo*, Dantes Livraria e Editora, 1997
*Triste Fim de Policarpo Quaresma*, O Livro de Bolso, 1943
*Triste Fim de Policarpo Quaresma*, Klick Editora, 1997 (leitura crítica de Suzana Schindler)
*Triste Fim de Policarpo Quaresma*, Editora Escala, década de 2000
*Triste Fim de Policarpo Quaresma*, Colégio Objetivo, década de 2000
*Tristes Rumos Tristes Fins*, Editora Melhoramentos, 1988

**Livros sobre Lima Barreto**

Barbosa, Francisco de Assis, *A Vida de Lima Barreto* (1881-1922), Livraria José Olympio Editora, 1952
Barbosa, Francisco de Assis, *A Vida de Lima Barreto* (quadrinização do livro, adaptação de Miranda Bastos, desenhos de Ramon Llampayas),
Editora Brasil-América, 1965
Bastos, Winter e Nalini Narayan, *Malandragem, Revolta e Anarquia*: João Antônio, Antônio Fraga e Lima Barreto, Editora Achiamé, 2005
Campos, Maria Tereza Arruda, *Lima Barreto*, Editora Ática, 1988

Feijó, Martin Cezar, *Formação Política de Astrojildo Pereira* (1890-1920), Oficina de Livros, 1990
Gicovate, Moises, *Lima Barreto, Uma Vida Atormentada*, Edições Melhoramentos, 1952
Hidalgo, Luciana, *Literatura da Urgência, Lima Barreto no Domínio da Loucura*, Annablume Editora, 2008
Leitão, Luiz Ricardo, *Lima Barreto, o Rebelde Imprescindível*, Expressão Popular, 2006
Meira, Clóvis, *Três Faces de Lima Barreto*, João Scortecci Editora, 1994
Morais, Regis de, *Lima Barreto*, Editora Brasiliense, 1983
Prado, Antônio Arnoni, *Lima Barreto, Literatura Comentada*, Editora Abril, 1980
Rosso, Mauro, *Lima Barreto Versus Coelho Neto, um Fla-Flu Literário*, editora Difel, 2010
Rosso, Mauro, *Lima Barreto e a Política: Os "Contos Argelinos" e Outros Textos Recuperados*, Editora Loyola, 2010
Sanchez, Amauri Mário Tonucci Sanchez, *Panorama da Literatura no Brasil*, Abril Educação, 1982
Schwarcz, Lilia Moritz, *Lima Barreto, Triste Visionário*, Companhia das Letras, 2017
Silva, Pereira, *Lima Barreto, Escritor Maldito*, edição do autor, 1976

Impresso por :

Graphium
gráfica e editora

Tel.:11 2769-9056